5 ★★★★★ STAR
SERVICE

5 STAR SERVICE

마이클 헤펠 지음 | 정희준 옮김

차례

신을 섬기듯 고객을 섬기는
서비스의 교과서!

서비스(Service)란 말이 신을 섬긴다는 의미의 'Serve'에서 유래했다는 것을 아는가? 서비스와 관련 있는 사람이라면 누구나 알고 있을 것이다. 그러나 인간의 모든 활동을 서비스라고 한다면? 아마 고개를 갸우뚱거릴 것이다.

그렇다면 어째서 인간의 모든 활동이 서비스일까? 서비스는 본래 영어에서 온 말이므로 영어에서 그 해법을 찾아보자. 예를 들어 의료를 영어로 표현하면 'medical service'가 된다. 결혼식과 장례식은 무엇일까? 'marriage service'와 'burial service'이다. 우편 업무, 배수, 아침 예배는 무엇일까? 'postal service', 'water service', 'morning service'로 쓴다.

이처럼 서비스라는 말은 일상적인 단어와 합성되어 인간의 모든 활동을 규정한다. 우리의 일상사는 서비스라고 해도 과언이 아닌 것이다.

그러나 우리의 현실은 어떠한가? 국내에 CS(Customer Satisfaction)라는 개념이 정착된 지 상당 기간이 흘렀음에도 그저 매너나 고객 응대에 한정해서 좁은 의미로 사용하고 있다.

그런 의미에서 이 책『5 Star Service』는 광의의 서비스를 이야기 한다고 할 수 있다. 저자의 가벼우면서도 실제적인 육성을 통해 전달 되는 메시지는 서비스의 새로운 지평을 열어 주기에 전혀 손색이 없 다. 그러면서도 아주 적은 비용으로 최고의 서비스를 실행하는 팁들 을 풍성하게 담았다.

모든 사람들은 서비스를 행하는 주체이자 서비스의 대상, 즉 고객 이다. 필자는 이 책에서 자신의 경험을 토대로 서비스의 나아갈 길을 밝혀 주고 있다. 그래서 이 책은 강력한 설득력이 있으며, 서비스 마 인드의 강력한 변화에 대한 동기를 부여한다.

이 책은 아울러 서비스를 행하는 기업뿐만 아니라 좀 더 좋은 인간 관계와 개인적 발전을 꾀하는 일에도 활용할 수 있는 최고의 솔루션 을 제공한다. 그것이 바로 이 책의 미덕이라고 할 수 있다.

박완순인성교육계발원 원장&서비스 경영학 박사,

전)대항항공 서비스 아카데미 원장

-박완순

5 Star Service를 행동으로 옮겨라!

『5 Star Service』개정판을 읽게 된 당신을 환영한다. 첫 질문으로서 적절한 것은 아마도 '왜 개정판을 내는가?'일 것이다. 초판이 2006년에 발행되었는데, 그 동안 당신이 상대하는 고객들이 더 많은 것을 요구하게 되었다는 데 동의할 것이라고 생각한다. 환상적인 서비스를 제공해야 하는 압박감도 심해졌고, 사람들이 모두에게서 더 나아진 모습을 기대한다는 데에도 동의할 것이다. 나 역시 이런 문제에 시달린 만큼 내가 어떻게 개정판을 내는 과정을 견뎌 냈는지 소개하겠다.

1단계 작업은『5 Star Service』초판을 다시 읽고 중요도가 떨어지거나 별로 와 닿지 않거나 시대에 뒤떨어지는 느낌이 드는 부분을 모두 삭제하는 것이었다. 그 작업을 열정적으로 처리하고 나서 나는 초판의 두 꼭지를 없애게 되었다.

2단계 작업은 5 Star Service를 창출하는 방법에 대해 연구를 계속하는 것이었다. 연구를 멈춘 적이 없었기 때문에 이 작업이 가장 쉬웠다! 나는 매일 최고나 최악의 고객 서비스에 해당하는 일화를 찾는다. 이와 같은 지속적인 연구를 통해 20개의 꼭지를 추가했고, 당신만의 환상적인 5 Star Service 문화를 창조하는 데 도움이 되도록 아이디어도 여러 개 추가했다.

3단계 작업은 이 책이 가능한 한 실용적인 책이 되도록 힘쓰는 것이었다. 나처럼 당신 역시 수많은 책을 읽었을 것이고 책에 담긴 아이디어에서 영감도 얻었을 테지만, 결과적으로 아무것도 실행에 옮기지 못했을지도 모른다. 그런 이유로, 나는 『5 Star Service』에 담긴 아이디어를 조직의 고객 응대 훈련 프로그램에 어떻게 적용할 수 있는지 다루는 부분을 따로 마련했다.

이렇게 해서 결국 『5 Star Service』 개정판은 당신이 5 Star Service의 달인이 되는 데 도움이 되는 아이디어, 이야기, 동기 부여 요소, 도구, 기술로 무장하게 되었다.

만일 당신이 고객으로서 받았던 최고의 서비스 목록을 작성하고 그 옆에 각각의 서비스를 받을 때 들었던 비용을 써 본다면, 의외로 최고의 서비스를 받는 데 비용이 거의 들지 않거나 혹은 전혀 들지 않는다는 사실을 발견할 수 있을 것이다. 5 Star Service는 많은 비용보다는 올바른 태도와 관련이 있고, 근사한 띠를 두르거나 새로운 로고를 만드는 것보다는 고객이 감동받도록 일을 처리하는 방식과 관련이 있다.

아마 당신도 나처럼 5 Star Service를 받는 것을 굉장히 좋아할 것이다. 5 Star Service를 받으면 자신이 굉장히 특별하고, 사랑받고 있다고 느끼게 된다. 5 Star Service를 받으면 기분이 좋아질 뿐만 아니라, 세상에 대해 관대해지고 무엇보다도 그런 서비스를 받았던 경험에 대해 사람들에게 이야기하게 된다.

핵심은 바로 이것이다. 사람들은 아주 좋았던 서비스나 심하게 형편없었던 서비스에 대해서는 이야기하지만, 그 중간에 있는 평범한 수준의 서비스에 대해서는 거의 이야기하지 않는다. 만일 당신이 '적어도 나한테 불평하는 사람은 없어'라고 생각하고 있다면 바로 그러한 이유 때문에 이 책을 읽고, 이 책이 제안하는 방안들을 즉시 실행해야 한다.

아무도 불평하지 않는다는 것이 당신이 훌륭한 서비스를 했다는 것을 의미하는 것은 아니다. 사람들은 단지 당신에게 직접 불평하지 않을 뿐이다. 그 의미를 조금만 생각해 본다면, 그것이 얼마나 무서운 일인지 깨달을 수 있을 것이다. 생각해 보면 그동안 당신 자신도 서비스가 마음에 들지 않았지만 아무 말도 하지 않고 지나간 적이 많지 않았던가? 부디 솔직하게 답해 주기 바란다.

우리는 엄청난 변화의 시대를 살고 있다. 그러한 과정에서 가장 큰 변화 중 하나가 '고객'은 비용을 적게 들이면서 훌륭한 서비스를 받기를 기대하면서도 그것을 우리에게 말해 주지 않는다는 것이다. 그렇다면 그렇게 훌륭한 서비스를 요구하는 '고객'이란 대체 누구인가?

고객은 크게 두 종류로 나눌 수 있다. 우선 외부 고객으로 같은 회사의 직원이 아닌 다른 모든 사람을 의미한다. 다음은 내부 고객으로 같은 회사 직원 전부를 의미한다. 즉 자기 자신을 제외한 모든 사람들이 고객인 셈이다. 그리고 이 모든 고객들에게 당신은 5 Star Service를 해 주어야 한다.

왜 힘들게 5 Star Service를 해야 하는가?

5 Star Service를 실행하려면 많은 노력이 필요할 것이라고 생각하기 쉽다. 아마 당신은 굳이 그렇게까지 해야 하는지 의심스러울 것이다. 5성 호텔에서 근무하는 것도 아니고 그저 평범한 사람들을 대상으로 영업하고 있을 뿐인데, 왜 서비스에 그렇게 공을 들여야 한단 말인가. 고객이 별 세 개 수준의 비용을 지불한다면, 서비스 수준도 별 세 개면 충분하지 않은가?

만일 호텔에서 근무하지 않고 브레이크 패드를 제조하는 중소기업에 다니고 있다 해도 5 Star Service가 필요할까? 보건기관이나 다른 공공기관에서 일하고 있는 경우에도 5 Star Service를 해야 할까?

대답은 '물론 그렇다!'이다. 꿈을 이루고, 승진하고, 더 많은 연봉을 받고, 많은 것을 성취하면서 발전하고 싶다면 반드시 5 Star Service에 대한 기술을 익히고 활용해야 한다. 지금은 과거 그 어느 때보다도 서비스가 중시되고 있기 때문이다. 5 Star Service를 실천하면 비용을 거의 들이지 않거나 전혀 들이지 않고도 경쟁을 하는 데 아주 유리한 지점에서 출발할 수 있다.

그렇다면 당신은 당연히 5 Star Service를 실천해서 기존 고객에게 감동을 주고 동시에 새로운 고객을 늘려야 하지 않을까? 고객은 많으면 많을수록 좋은 법이다. 당신은 너무 많은 고객이 몰려와서 사업을 확장하거나 서비스 가격을 올려야 하는 행복한 고민에 빠지고 싶지 않은가?

그렇다면 어떻게 하면 5 Star Service를 실천할 수 있을까? 당신은 이 책이 읽기 쉬운 책이라는 사실을 금방 깨닫게 될 것이다. 그럴 수밖에 없다. 이 책의 저자가 굉장히 단순한 사람이기 때문이다. 나는 단순한 방법에 대한 믿음이 있다. 당신이 복잡한 방법을 이해하지 못하리라고 생각해서가 아니라, 단순한 방법이 오히려 효과가 뛰어나기 때문이다.

이 책을 쓰는 동안 나는 한 연구원을 만났는데, 그는 3년 동안 특정 분야의 고객 서비스와 그 서비스가 특정 산업군에 미치는 영향을 연구해 온 사람이었다. 그는 3년 동안의 연구 끝에 복잡한 데이터와 근사한 그래프 그리고 멋진 순서도를 만들어 냈다.

그러나 문제는 거액을 들여 그에게 그 문제를 연구해 달라고 부탁했던 사람들이 그가 내놓은 아이디어를 전혀 채택하려 하지 않는다는 점이었다. 그는 문제에 대한 해답을 알고 있었지만, 사람들이 그 생각을 실행에 옮기도록 만들지는 못했다.

어떤 생각이 잘 이해되지 않는다면, 그것을 즉시 시험해 보고 그 생각의 효과를 확인해 보아야 한다. 그렇지 않으면 다음 단계로 넘어갈 수 없다. 이 책에 나오는 생각 중 일부는 너무 단순해서, 당신은 책을 읽다가 도대체 저자가 왜 이렇게 단순한 생각을 책에 써 놓았는지 궁금해 할지도 모른다. 그런 궁금증이 드는 사람들은 그 단순한 생각들을 정기적으로 꾸준히 실천에 옮기는 사람이 과연 주위에 몇 명이나 있는지 한번 살펴보기 바란다.

나는 이런 말을 자주 듣는다.

"당신이 써놓은 생각들 말이죠. 이미 다 알고 있었던 거예요."

그런 말에 나는 늘 이렇게 답한다.

"그걸 이미 다 알고 있다니 대단하군요. 그런데 그걸 실천에 옮기고 있나요?"

비결은 무엇인가를 '깨닫는' 데 있지 않고, '실천에 옮기는' 데 있다. 물론 이 책에 나오는 생각이 모두 참신한 것은 아니다. 그중 일부는 당신이 이미 이전에 생각해 보았던 것일 수도 있다. 하지만 만일 이 책을 읽고 당신이 좀 더 구체적인 단계에까지 나아가서 생각을 실천에 옮긴다면, 이 책은 제 역할을 다한 셈이다.

그러나 단순한 생각들만 골라 내서 그것만 실천하고, 나머지 생각들을 '너무 어려운 생각들'로 치부하고 뒤로 미루지 않도록 하라. 당신이 5 Star Service를 실천하기 위한 체계적인 계획을 세우지 않는다면 아무리 자주 웃고, '부탁합니다'와 '감사합니다' 등의 인사를 하고, 상대방의 이름을 기억해서 불러 주어도 큰 효과를 볼 수 없다. 체계적인 계획은 언제나 변함없는 결과를 가져오지만, 계획 없이 기분에 따라 멋대로 하는 서비스는 언제든지 바뀔 수 있기 때문이다.

이 책을 최대한 활용하는 법

많은 종류의 사람들과 조직을 대상으로 하는 이런 종류의 책을 쓰는 것은 굉장히 어려운 일이다. 여러 가지 생각들을 한데 모으는 작업을 하면서, 나는 식당에 관한 일화를 들어 설명하는 부분이 사무실에서 일하는 사람에게는 그다지 공감이 가지 않을 수도 있다는 걱정이 들기 시작했다.

그래서 여러 가지 생각을 분류하고, 모든 사람들이 공감할 수 있는 방법을 고안하느라 많은 시간을 보냈다. 그리고 어느 날, 초등학교 선생으로 재직 중인 친구 하나가 이 책을 읽어 보고는 "여기에 나오는 생각들은 내가 모두 활용할 수 있을 것 같은데!"라고 말했을 때에야 비로소 안심할 수 있었다.

만일 당신이 현명한 사람이라면 호텔이 나오는 일화를 보고 '나는 호텔에서 일하고 있지 않으니 나랑은 상관없는 이야기야'라고 생각하지 않을 것이다. 그러는 대신 창의력을 발휘해서 '어떻게 하면 이 생각을 내 것으로 활용할 수 있을까?'라고 반문해 볼 것이다. 그런 식의 사고방식은 이 책을 최대한으로 활용하는 데 큰 도움이 된다.

이 책에는 단락 몇 개로 구성된 짧은 장이 더러 있다. 하지만 짧은 장이라고 해서 그 안에 담긴 생각이 효과적이지 않은 것은 아니다. 그런 짧은 장에도 최고의 서비스 아이디어가 담겨 있을 수 있다. 만일 당신이 주목을 받고 싶고, 기억나는 사람이 되고 싶고, 사람들에게 추천을 받고 싶다면 이 책에 나오는 내용을 즉시 실천에 옮겨야 한다.

5 Star Service는 조직 단위로 실행할 때만 효과적이지 않나요?

당신이 이 책을 읽고 5 Star Service를 실행에 옮기고 있는데, 주변 사람들이 그런 서비스는 고급 호텔이나 비행기의 1등석에서만 필요하다고 생각한다고 가정해 보자. 사실 당신이 조직 내에서 5 Star Service 정신을 갖고 있는 유일한 사람이라고 해도 상관없다.

세상에서 가장 중요한 사람은 언제나 자기 자신이며, 5 Star Service 원칙에 맞추어 살다 보면 당신은 금세 자신의 생각이 탁월했음을 증명할 수 있을 것이다. 그리고 자신이 5 Star Service 정신을 실현하기 위해 최선을 다했다는 사실을 알고 있기 때문에 언제나 당당하게 고개를 들고 다닐 수 있을 것이고, 결국 자신의 선택이 옳았음을 깨달을 수 있을 것이다.

한편 자신이 베푼 최고의 서비스가 고객들에게 얼마나 큰 기쁨을 주는지는 잘 모를 수도 있다. 고객들은 불만사항이 있어도 잘 이야기하지 않고, 좋은 서비스를 받아도 좀처럼 칭찬하지 않기 때문이다. 하지만 당신은 자신이 변했다는 것을 스스로 느낄 것이다. 그리고 그 변화는 당신의 앞날을 성공으로 이끌어 줄 것이다.

이 책은 여러 가지 방식으로 활용할 수 있다. 시간이 별로 없는 사람이라면 빠르게 훑어보고 몇 가지 생각을 시험해 본 뒤, 어떤 생각이 자신에게 가장 적합한지 판단하면 된다. 팀 단위로 실행하게 되어 있는 부분들은 서너 명의 팀원이 함께 하면 좋을 것이다. 하지만 자기 혼자서 하는 편이 더 낫겠다고 판단한다면, 혼자서 자기 방식대로 실행해도 좋다.

책을 읽는 방식도 여러 가지가 있을 수 있다. 처음부터 끝까지 통째로 다 읽어도 좋고, 하루에 한 꼭지씩 읽어도 좋다.

이 책에 나온 이야기들은 대부분 내가 겪은 실화를 바탕으로 하고 있다. 그리고 다른 사람에게 들은 이야기를 인용할 때에는 그 이야기가 사실인지 검토해 보았다.

나는 다른 사람들이 들려준 일화의 사실 유무를 확인하면서 한 가지 중요한 사실을 깨닫게 되었다. 그것은 모든 이야기들이 좋거나 혹은 나쁜 쪽으로 다소 과장되어 있다는 점이었다. 장담하건대, 당신도 평소에 이야기할 때 어느 정도 과장을 섞어 이야기할 것이다. 하지만 이야기를 들려준 사람이 이야기 도중에 약간의 시적 상상력을 발휘했다고 해도 그 이야기에는 여전히 배울 점이 있다.

모든 이야기에 나오는 인물들은 의식적으로 혹은 무의식적으로 실제보다 더 좋거나 더 나쁜 모습으로 그려져 있다. 만일 당신이 이 책에 나오는 이야기 속의 주인공이라면, 당신은 그 이야기를 해 준 사람이 당신을 매우 훌륭하다고 과장하기를 바라는가, 너무 형편없다고 과장하기를 바라는가? 당신이 어떤 일을 할 때 그 일에 대해 이야기하다 보면 대개 사실을 크게 벗어나지 않는 범주 내에서 좋은 쪽으로든 나쁜 쪽으로든 어느 정도 과장하게 마련이다.

당신은 사람들이 당신에 대해 이야기할 때 어떤 부분을 과장해서 이야기해 주기를 바라는가? 사람들이 당신에 대해서 굉장히 좋게 말해 줘서 당신이 너무 기쁜 나머지 똑같은 선행을 거듭 반복하게 된다면 너무나 근사한 일이 아니겠는가?

이 책을 활용하면 당신은 궁극적으로 서비스 전문가가 되어 고객에게 주목받고, 기억나는 존재가 되어 끊임없이 추천을 받게 될 것이다. 책의 내용을 활용한 사람은 많은 것을 성취하게 되겠지만, 책의 내용을 활용하지 않은 사람은 아무것도 성취하지 못할 것이다.

그러니 먼저 이 책을 읽어라. 그리고 고개를 끄덕이는 데 그치지 말고 행동으로 옮겨라!

서비스 측정도를
체크하라

★ 당신과 당신의 조직이 5 Star Service 측정도에서 어느 정도의 성적을 올리는지 매달 측정해 줄 간단한 방법을 소개한다.

이 방법은 개인적으로 혹은 팀별로 실행할 수 있으며, 현재 얼마나 잘하고 있는지 그리고 어떤 부분을 개선해야 하는지 파악하는 데 훌륭한 출발점을 제공한다. 처음 몇 번은 지시 사항을 주의 깊게 따라야겠지만, 한두 번 실행하다 보면 일상에서 잠깐 동안만 점검해 보아도 자신이 얼마나 잘, 혹은 잘못하고 있는지 알 수 있을 것이다.

이 간단한 진단 방법은 정직하게 임할 때 최고의 효과를 낼 수 있다. 그러나 현실을 그대로 반영하지 않고 마음대로 점수를 매기면 아무 의미가 없다. 시간이 흘러도 얼마나 발전했는지 측정할 수 없

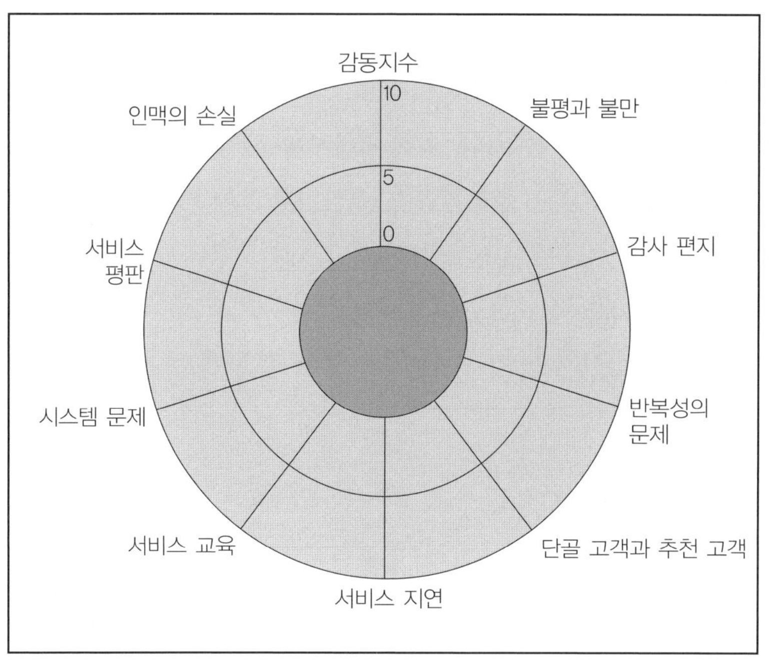

기 때문이다.

예를 들어 건강진단을 받는다고 가정해 보자. 쉽게 치료할 수 있는 이상한 증상을 발견했는데도 의사가 아무 이상이 없다고 말해 주기를 바라는 사람은 없을 것이다. 당신도 마찬가지로, 이 진단 방법에 정직하게 임해야 한다. 때로는 가장 힘든 일이 가장 먼저 그리고 가장 관심을 가지고 해야 할 일이 될 수도 있다.

이제 당신은 서비스 측정도 열 개 항목 하나하나에 점수를 매기게 될 것이다. 어떤 항목에서는 낮은 점수를 받는 것이 더 잘하고 있다는 것을 의미하므로 각 항목을 주의해서 읽어야 한다.

점수를 매길 때는 개인적으로 해도 좋고, 조직 전체나 팀 단위로 해도 좋다. 그것은 선택하기 나름이지만 누구를 대상으로 하든 측정 대상은 처음부터 끝까지 같아야 한다.

첫 번째 단계는 간단하다. 지면의 상부 왼쪽 끝에 오늘 날짜를 적는다. 책에 낙서하고 싶지 않거나 팀 단위로 하는 경우라서 여러 장이 필요하다면 www.michaelheppell.com에서 서비스 측정도를 무료로 다운로드 받아 출력해서 사용한다.

1. 감동지수

당신은 고객에게 감동을 주고 있는가? 고객에게 매일 잊을 수 없는 감동을 주는 것으로 유명한가? 언제나 고객과 연관된 일로 하루를 보내려고 노력하는가? 불평을 칭찬으로 바꿀 수 있으며, 어려운 상황을 극복할 수 있는 사람이라는 평판을 듣는가? 만일 그렇다면 당신은 이 항목에서 10점 만점이다!

아니면 당신은 그저 그럭저럭 일을 해나가고 있는가? 고객에게 감동을 주는 것은 자신의 일이 아니고, 중요한 것은 현상 유지이며, 고객 응대는 다른 사람이 해야 할 일이라고 생각하는가? 그렇다면 당신의 점수는 1점 혹은 2점이다.

아니면 두 가지 경우의 중간에 해당할 수도 있을 것이다. 자신의 점수를 매겨 보기 바란다.

2. 불평과 불만

당신이나 당신의 팀, 혹은 당신의 회사에 대해 불평을 하는 사람들이 있는가? 사내 직원, 외부 인사 모두를 대상으로 생각해 보라. 당신은 함께 일하는 사람들이나 그들의 일 처리 방식에 대해 자주 불평하는가? 만일 당신 주위에 오가는 불평이 많다고 생각한다면 8~9점을, 불평이 아주 많이 오간다고 생각한다면 10점을 주어야 한다.

아니면 당신 주위에서 불평을 하는 경우가 극히 드물어서 누군가 불평을 하면 그것이 아주 특별한 일처럼 느껴지는가? 사내 직원과 외부 인사 모두를 대상으로 생각해 보라. 당신과 당신이 다니는 회사, 당신의 일 처리 방식과 당신의 고객들은 아무 문제가 없고 불평할 거리가 전혀 없는가? 그렇다면 이 항목에서 좋은 점수, 즉 낮은 점수를 매길 수 있을 것이다. 점수를 매겨 보라.

3. 감사 편지

당신의 우편함은 감사 편지로 가득 차 있는가? 감사 메모가 쇄도해서 공고 게시판을 더 크게 만든 적이 있는가? 고객과 동료들로부터 밀려드는 칭찬 이메일 때문에 서버를 새로 구축한 적이 있는가? 그렇다면 당신은 이 항목에서 10점이며, 그 점수를 받을 자격이 충분하다.

아니면 당신의 게시판에는 권고 조치가 붙어 있고 그 옆에는 아주 오래전에 받은 낡고 꼬깃꼬깃한 감사 편지가 지금까지 붙어 있는가? 아무리 생각해 봐도 감사 편지를 받은 적이 언제였는지 잘 기억나지 않는가? 당신이 일하는 회사는 실수했을 때는 따끔하게 지적하는 반면 일을 잘 해냈을 때는 침묵을 지키는가? 그렇다면 당신 혹은 당신의 회사는 이 항목에서 낮은 점수를 받을 것이다. 감사 편지에 관해 정직하게 점수를 매겨 보라.

4. 반복성의 문제

당신은 문제가 생기면 초기 단계에서 바로 해결하는가? 아니면 발생할 만한 문제를 사전에 예상해서 이를 조기에 차단할 수 있는 훌륭한 제도를 미리 만들어 놓는 타입인가? 만일 그렇다면 당신은 이 항목에서 낮은 점수, 즉 좋은 점수를 받을 것이다. 자신이 정말 그렇다고 생각한다면 자신에게 낮은 점수를 줘라.

아니면 당신에게 똑같은 문제가 계속 반복되는가? 사실 당신에게 일어나는 문제 중 일부는 이전에도 몇 번씩 겪었던 일일 것이다. 만일 일할 때 같은 종류의 고객 서비스 문제가 반복된다면, 당신은 이 항목에서 높은 점수를 받아야 한다. 정직하게 자신을 체크해 보고 1~10점 사이의 점수를 매겨 보라.

5. 단골 고객과 추천 고객

"짤그랑" 하고 금고에 돈 들어오는 소리가 들린다. 주문이 들어온 것이다. 친구나 회사 동료에게 추천을 받은 고객이 당신에게 물건을 주문한다. "따르릉, 따르릉" 하고 단골 고객이 전화를 걸어 물건을 주문한다. 당신을 제외하고 다른 사람에게 물건을 산다는 것은 상상도 할 수 없는 고객이다.

잠깐, 잘 들어 보라. 지금 누군가가 당신을 엄청나게 칭찬하고 있다. 아무래도 당신은 지난달에 이어 이번 달에도 최고 사원으로 뽑

힐 것 같다. 이것이 자신의 이야기라고 생각한다면 당신은 이 항목에 높은 점수를 주어도 좋다.

아니면 당신은 새로운 고객을 유치하는 데 큰 어려움을 겪고 있는가? 새로운 관계를 맺을 때 상대방에게 자신의 장점을 알리느라 애를 먹고 있는가? 주위 사람의 추천으로 고객을 소개받지 못하고 단골 고객을 만드는 데 애를 먹는다면, 당신은 이 항목에서 낮은 점수를 주어야 한다. 점수를 매겨 보라.

6. 서비스 지연

잠깐 동안 고객의 입장에서 생각해 보라. 당신은 누군가가 걸어온 전화를 받는 데 얼마나 오랜 시간이 걸리는가? 처음부터 담당자와 통화하게 되어 있는가? 원하는 정보를 얻기 위해 얼마나 오래 기다려야 하는가?

만일 당신이 신속하게 일을 처리하고 고객이 오래 기다리지 않도록 빠르게 조치를 취하는 사람이라면 이 항목에서 낮은 점수, 즉 좋은 점수를 받을 것이다. 하지만 당신이 서비스를 며칠 동안 지연시켜서 전체적인 일 처리를 느리게 만드는 사람이라면 이 항목에서 높은 점수를 받을 것이다. 지체하지 말고 지금 바로 자신의 점수를 매겨 보라.

7. 서비스 교육

이번에는 쉬운 항목이다. 당신은 서비스 교육을 받는 데 얼마나 많은 시간과 돈과 노력을 투자하고 있는가? 매주 뭔가를 배우러 가고 매달 교육을 받고 있는가? 교육 자료를 가지고 있고, 그것을 현실에 적용하기 위해 시간을 들여 노력하고 있는가?

아니면 어쩌다 생각나면 고객 서비스 교육을 받는 정도인가? 할 일이 산더미처럼 쌓여 있어서 교육을 받을 시간이 없는가? 알고 있다. 물론 나도 안다. 당신이 굉장히 바쁘다는 것을!

만일 자신이 끊임없이 배우고, 배운 사실을 현실에 적용하기 위해 상당한 시간을 투자하고 있다면 이 항목에 높은 점수를 주어도 좋다. 하지만 그렇지 않다면 변명하려 하지 말고 그냥 자신에게 낮은 점수를 줘라. 혹은 두 가지 경우의 중간쯤에 있는 사람도 있을 것이다. 잘 생각해 보고 1~10점 사이에서 점수를 매겨 보라.

8. 시스템 문제

현재 가동 중인 시스템은 성능이 어떤가? 일 처리를 용이하게 해주는가 아니면 방해하고 있는가? 혹시 시스템의 성능이 좋은지 나쁜지를 파악하기 어렵다면 시스템이 전혀 없는 것일 수도 있다. 장담하건대 시스템이 없다는 것은 서비스가 나쁘다는 것을 의미한다. 그러므로 이 항목에 높은 점수를 주어야 한다.

시스템이 너무 복잡하거나 방대한 경우도 마찬가지다. 왼손이 하는 일을 오른손이 모르고 있다면 시스템에 문제가 있는 것이다. 새로운 사람이 팀에 들어온 지 몇 주가 지났는데도 무슨 일을 해야 할지 혹은 적절한 정보를 어떻게 얻어야 할지 모르고 있다면 당신의 팀은 시스템에 문제가 있는 것이다. 이런 경우에 해당된다면 이 항목에 높은 점수를 주어야 한다.

혹은 시스템이 너무 잘되어 있어서 시스템의 문제라는 것을 생각조차 해 본 적이 없을 수도 있다. 그것은 시스템이 언제나 완벽하게 작동하고 있으며, 문제가 생기면 즉시 문제를 파악하고 해결해 줄 수 있다는 것을 의미한다. 이런 경우라면 이 항목에 낮은 점수를 주어도 좋다. 이 부분에 대한 점수를 매겨 보라.

9. 서비스 평판

당신은 어떤 평판을 받고 있는가? 리츠칼튼 호텔처럼 좋은 서비스로 유명한가 아니면 브리티시 레일처럼 악명이 자자한가? 참고로 브리티시 레일은 1997년 11월에 없어졌지만, 지금까지도 형편없는 서비스를 거론할 때 자주 인용된다.

사람들이 당신에 대해 이야기할 때 어떻게 말할지 생각해 보라. 사람들이 당신의 서비스가 훌륭하다고 칭찬하겠는가 아니면 저런 식으로 고객을 대하면 안 되겠다는 반면교사로 인용하겠는가? 아니면 더 나쁜 경우로, 당신에 대해 아무런 언급도 하지 않겠는가?

당신이 고객에게 좋은 서비스를 제공하는 것으로 유명하고 일 처리 방식이 훌륭하다고 인정받고 있다면 이 항목에 높은 점수를 주어도 좋다. 반대로, 나쁜 평판을 받거나 어떤 평판도 받지 못하고 있다면 이 항목에 낮은 점수를 주어야 할 것이다.

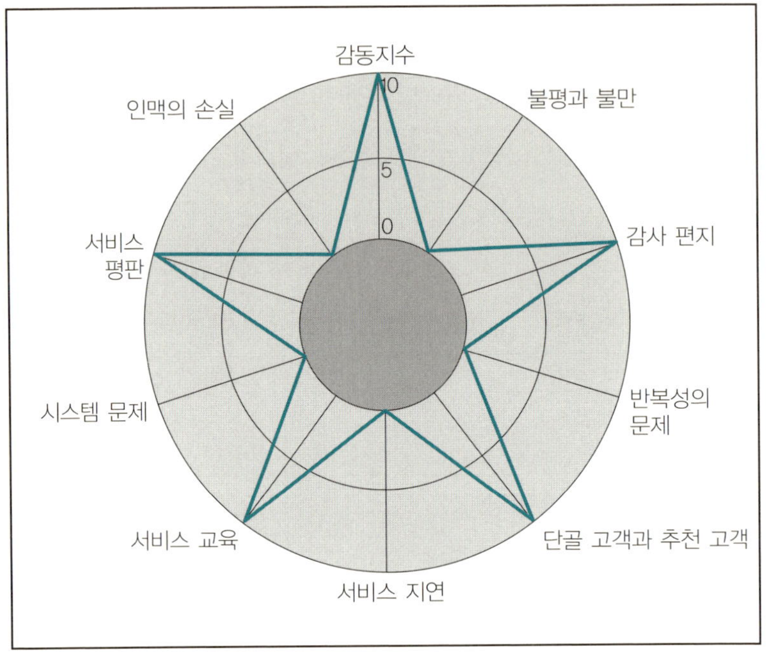

10. 인맥의 손실

'저런 비열한 인간하고는 차라리 관계를 끊는 게 낫겠어.'

고객이나 동료 중에는 이런 생각이 들게 하는 사람들이 있다. 당신의 팀은 운 좋게도 늘 고객을 중심으로 생각하는 훌륭한 인재들로 가득 차 있는가? 당신은 일을 시작했던 초창기부터 지금까지 거래하고 있는 고객들의 명단을 만들 수 있는가? 그 사람들을 모두 지금의 고객이라고 자신 있게 말할 수 있는가? 아니면 고객을 발굴하자마자 놓치는 편인가? 같은 팀 내의 사람들은 어떤가? '옛날 직원 모임'을 하려면 커다란 운동장이 필요할 정도로 퇴사한 사람이 많은가?

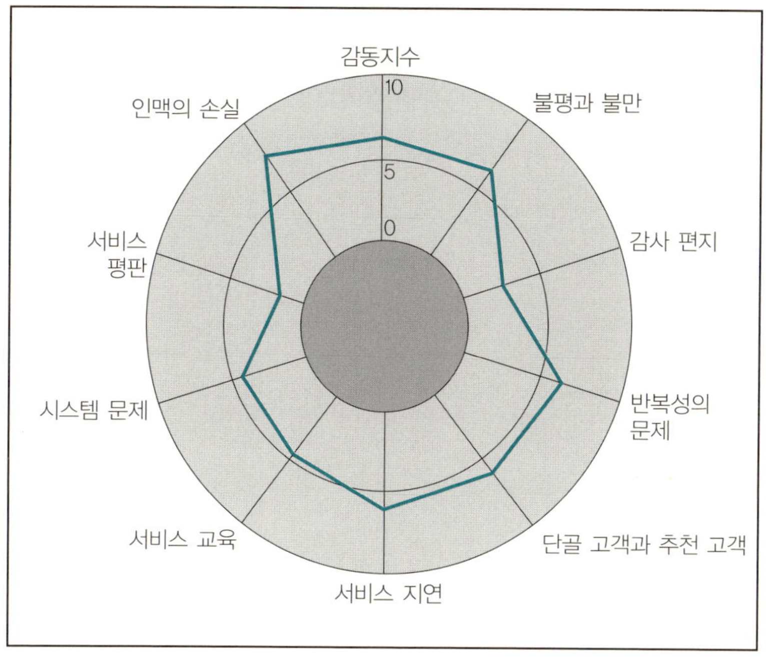

인맥에 손실이 생기면 여러 가지 측면에서 손해를 보게 된다. 만일 한 번 맺은 인연을 쉽게 놓치지 않는 편이라면 이 항목에서 낮은 점수를 주어도 좋다. 하지만 인연을 맺었다가도 자주 놓치는 편이라면 높은 점수를 주어야 한다. 그 중간쯤 된다고 생각한다면 중간 점수를 줘라.

11. 마무리

각각의 항목에 점수를 매겼으면 이제 그 점수를 선으로 연결해 보자. 모든 항목에서 완벽한 사람은 다섯 개의 점이 있는 훌륭한 별 모양이 될 것이다. 감동지수 10에서 시작해서 서비스 평판 10으로 끝나는 훌륭한 별 모양 말이다.

어떤 사람들은 별 모양이 아닌 애매모호한 형태의 도형을 만나게 될 것이고, 그보다 더한 경우에는 모든 항목에서 가장 나쁜 점수를 받아서 반대로 된 별 모양을 만나게 될 것이다. 그렇다고 걱정할 필요는 없다. 당신은 이런 일을 처음 시도하는 것이고, 내가 당신을 도와줄 것이기 때문이다. 그리고 이 책에 나오는 수십 가지의 아이디어가 모호한 형태의 도형을 선명한 형태의 별 모양으로 바꾸어 줄 것이다.

그리고 좋은 소식이 또 있다. 앞으로 다섯 달 동안 별 모양을 뾰족하게 다듬으면 그 별이 당신을 변화시키고, 훌륭한 고객 서비스를 제공하도록 해 줄 것이다.

작은 감동을 전하는
규칙을 정하라

★ 우리는 종종 고객을 관리하는 최선의 방법이 그들에게 감동을 주는 것이라고 생각한다. 이 책을 읽다 보면 직무 범위를 넘어 헌신함으로써 고객에게 감동을 주는 것이 얼마나 중요한지 깨닫게 될 것이다.

하지만 꼭 그런 헌신이 아니라도 우리가 일상생활에서 늘 실천할 수 있는 작은 규칙들이 있다. 우리는 그것을 '작은 감동 규칙'이라고 부른다. 작은 감동 규칙은 단순한 행동 규칙이지만 오랫동안 실천하다 보면 당신에 대한 고객의 인식을 크게 바꾸어 놓을 것이다. 이 규칙들을 한 번에 하나씩만 실천해도 고객을 유지하는 데 도움이 될 것이다. 그리고 몇 가지 규칙을 동시에 실천한다면 당신에게는 경쟁자가 도저히 흉내 낼 수 없는 엄청난 고객 친화력이 생길 것이다.

다음은 작은 감동을 만들어 내는 20가지 행동 규칙이다. 읽어 본 후 스스로 20가지 규칙을 더 만들어 보라.

1. 절대 비난하지 않기
2. 힘 있게 악수하기
3. 경청하기
4. 문 열어 놓기
5. 천천히 먹기
6. 웃기
7. 이름 부르기
8. 즉시 행동하기
9. 메모하기
10. '감사합니다', '부탁합니다'라고 말하기
11. 긍정적인 자세
12. 입 냄새가 나지 않도록 청결한 구강 관리
13. 다과 제공
14. 사려 깊은 태도
15. 필기구 지참
16. 편지 말미에 '감사합니다'라고 손으로 직접 쓰기
17. 고객이 받고 싶어 하는 방식으로 물건 전달하기
18. 만남 초반부터 고객과 눈 맞추기
19. 사실을 말하기

20. 약속한 것은 반드시 실천하기

이 규칙들은 작고 사소해 보이지만 실천하다 보면 큰 변화를 불러 올 것이다. 다음에 혹시 고객의 입장에 서게 될 경우가 생기면, 상대 방이 이 작은 규칙들을 실천했을 때 자신이 어떤 느낌을 받는지, 왜 그런 느낌을 받는지를 주의 깊게 살펴보라.

일하다 보면 우리가 고객에 대해 왜 그렇게 느끼는지 설명할 수 없을 때가 있다. 그렇다면 고객은 어떨까? 고객도 마찬가지다. 고객 들도 왜 우리에게 그렇게 느끼는지 설명할 수 없을 때가 자주 있다. 앞서 소개한 작은 감동 규칙을 실천하다 보면 작고 세심한 사항들을 그냥 지나치지 않게 될 것이다.

작은 감동 규칙을 실천하다 보면 보너스도 생긴다. 사람들, 가령 친구, 가족, 동료 등 거의 모든 사람들이 예전보다 당신을 훨씬 더 좋 아하게 되는 것이다. 사람들과의 관계가 좋아지면 예전보다 더 좋은 일이 생기는 기회가 많아지고, 승진도 더 빨라진다. 그렇게 되면 연 봉이 올라갈 확률도 높아진다. 또 사람들은 당신에게 간혹 미심쩍은 점이 있어도 선의로 해석하려 할 것이며, 당신이 제시하는 의견을 선뜻 받아들일 것이다.

고개를 들어
주위를 살펴라

★ 미어캣은 지난 몇 년 사이 거의 알려지지 않은 존재에서 가장 사랑받는 포유동물 중 하나로 떠올랐다. 미어캣은 생김새가 귀엽고, 군집 생활을 하고, 뱀을 먹으며, 몸무게가 900그램도 채 되지 않는다.

하지만 미어캣이 사람과 똑같은 방식으로 새끼들을 가르친다는 사실을 알고 있는가? 미어캣은 새끼들에게 시범을 보이고, 직접 해 보도록 격려하며, 실수를 지적하고 나서 더 발전하도록 격려한다.

그렇다면 미어캣이 체내에서 지방을 생성하지 못하기 때문에 매일 신선한 먹이를 찾아야 한다는 사실은 알고 있는가? 미어캣은 맛이 좋기 때문에 사냥에 나설 때 포식자에게 잡아먹히지 않도록 항상 조심해야 한다.

사랑스러운 미어캣에게서 우리는 어떤 점을 배울 수 있는가?

미어캣의 인생은 5 Star Service를 실천하는 사람의 인생과 크게 다르지 않다.

미어캣 집단에서 가장 독특한 구성원은 아마도 망을 보는 미어캣일 것이다. 그 미어캣은 집단 내에서 두 가지 임무를 맡는다. 바로 위험 요소를 감지하고 기회를 엿보는 일이 그것이다. 그 미어캣은 '고개를 드는' 방법 덕택에 아무것도 놓치지 않는다.

여기서 중요한 질문을 하겠다. 당신은 일할 때 고개를 들고 있는가, 숙이고 있는가? 이것은 매우 정직한 대답이 필요한 질문이다. 고개를 숙이고 있다가는 서비스를 제공하거나 문제를 해결할 기회를 놓치기 쉽다.

이제부터 '고개를 들어' 서비스 능력을 향상시킬 수 있는 방법을 소개하겠다. 게임이라고 생각하고 재미있게 하기를 바란다.

첫째 주

1. '고개를 들어라!'라는 문구가 적힌 카드를 여러 장 만들어라.

2. 팀원들에게 카드를 몇 장씩 나눠 주고 당신이 1주일 동안 팀원들의 행동에 대해 '자체 평가'를 해도 되는지 모두에게 허락을 구하라. 동료가 기회를 놓쳤다고 생각할 때 지적해도 되는지 물어라. 예를 들어, 당신이 고객을 상대하느라 바쁜 사이에 다른 고객이 도움을 필요로 하는 상황이다. 하지만 당신 동료는 다른 일에 몰두해 있다. 이럴 때 '고개를 들어라!'라고 적힌 카드를 동료에게

주면 된다. "이거 왜 주는 거예요?"라는 질문이 돌아오면 당신이 본 대로 상황을 설명해 주어라.

3. 이 활동은 가능한 한 가볍게 진행해야 한다. 동료들과 언성을 높이거나 조직 내부에서 서로의 잘잘못을 따지게 되는 것은 원하지 않기 때문이다. 당신이 상사라도 이 활동에 '반드시' 참여해야 한다. 그리고 이 활동이 내부 고객에게도 적용된다는 점을 분명히 알려야 한다.

이런 활동을 일주일 정도 하고 나면 무엇이 제대로 안 되고 있는지 대체로 드러나기 마련이다. 그러면 이제는 긍정적인 면에 초점을 맞춘다.

둘째 주

1. 미어캣이 그려진 카드 다섯 장을 출력한다.
2. 그 후로 7일 동안 '고개를 드는' 방법을 이용하는 직원을 볼 때마다 모두가 미어캣이 그려진 카드를 준다.
3. 1주일이 지나고 나면 카드를 가장 많이 받은 사람에게 상을 준다.

이는 간단하면서도 대단히 효과적인 방법이며, 다음과 같은 장점이 있다.

- 당신과 동료들은 무엇이 잘못되었는지 알아낼 수 있다. 대신 이

활동이 가볍고 재미있어야 한다는 점을 명심하라

- 무엇을 바르게 하고 있는지도 알아낼 수 있다.
- 사람들이 자신이 고개를 숙인다는 사실을 인식하고, '고개를 드는' 방법을 더 의식하게 된다.

미어캣처럼 사고하라. 미어캣은 항상 위험 요소를 감지하고 기회를 엿본다. 당신도 그래야 한다.

리츠칼튼 호텔의 환상적인 서비스를 벤치마킹하라

★ 나는 여행을 자주 한다. 일 때문에 1년에 130일을 집이 아닌 곳에서 잔 적도 있었다. 여행을 자주 하다 보면 한 번 흘깃 보는 것만으로도 그 호텔의 서비스 수준을 판단할 수 있다. 첫인상만 가지고 모든 것을 판단하는 것이 공평하지 않다는 것을 잘 알지만 어쩌겠는가? 사람들은 모두 첫인상으로 상대를 평가하기 마련인 것을.

물론 당신이 하는 일이 호텔 업무와는 거리가 멀 수도 있지만, 지금부터 내가 소개하려는 두 가지 일화를 읽다 보면 그다지 많은 비용이 들어가지 않는 사소한 일이 고객에게 얼마나 다른 느낌을 주는지를 확실히 깨닫게 될 것이다.

먼저, 끔찍했던 경험을 소개한다.

글래스고는 내가 아주 좋아하는 도시이다. 그곳에서 2년 동안 살았고, 그곳과 그곳에 살고 있는 사람들을 좋아했기 때문에 나는 그곳을 다시 방문하게 되기를 손꼽아 기다리고 있었다.

내가 열흘에 걸쳐 수많은 강연과 연설을 마치고 호텔에 도착한 것은 5시 30분이었다. 크고 근사한 로비가 있는, 도심의 커다란 호텔이었다. 스무 명쯤 되는 사람들이 체크인을 하기 위해 줄을 서 있었는데, 프런트에는 단 한 사람만이 앉아서 일을 보고 있었다. 나는 다른 직원들이 나와서 일을 분담해 주기를 바라며 길게 늘어선 줄을 헤아리기 시작했다.

하지만 아무도 오지 않았다. 45분을 기다리자 드디어 내 차례가 되었다. 나는 프런트로 다가가서 "안녕하세요?" 하고 친근하게 인사를 건넸다. 하지만 프런트 직원은 고개도 들지 않았다. 그러고 나서 내가 말을 건네자 손을 들어 나를 제지했다. 그리고 하던 일을 마치고 나서야 비로소 나를 올려다보았다. 껄끄러운 시작이었다.

그녀는 나를 아래위로 훑어본 뒤 이렇게 물었다.

"체크인 때문에 오셨어요?"

그 당시 나는 커다란 배낭과 컴퓨터 가방을 들고 있었다.

"아뇨, 결장 세척 때문에 왔습니다."

나는 이렇게 말했다가 얼른 "네, 체크인하러 왔습니다"라고 덧붙였다. 10억 분의 1초가 될까 말까 한 짧은 순간 동안, 그녀의 얼굴에 결장 세척 따위에는 전혀 관심이 없으며 당신 같은 사람과 농담할 기분이 아니라는 듯한 표정이 스쳐갔다.

“이름이요.”

그녀가 이렇게 물었다. 내 성은 여러 가지 스펠링으로 쓰일 수 있기 때문에 나는 성을 말할 때면 꼭 스펠링을 덧붙여 말하곤 했다.

“마이클 헤펠입니다. 헤펠은 H. E. P. P. E. L. L. 입니다.”

그러자 그녀가 컴퓨터에 내 이름을 쳤다. 하지만 나는 그녀가 스펠링을 잘못 쳤다는 사실을 금세 알아차릴 수 있었다. 왜냐하면 그녀가 나를 올려다보며 너무나 자랑스럽게 이렇게 말했기 때문이었다.

“예약이 안 되어 있는데요.”

“틀림없이 되어 있을 텐데요.”

나는 이렇게 답하면서, 그녀에게 결장 세척에 대한 농담을 던진 것을 후회했다.

“예약 확인서를 가지고 있습니다.”

“그럼 번호를 불러주세요.”

이것이 그녀가 내게 처음으로 건넨 친절한 응답이었다. 나는 가방을 내려놓고, 여행 서류를 찾고, 예약번호를 찾아내서 그녀에게 불러주었다. 그사이 5분이 흘렀다. 그러자 기적처럼 내 이름이 컴퓨터상에 나타났다.

마침내 그녀가 체크인 서류를 그것도 거꾸로 내밀면서 집 주소와 국적 등을 적고 표시한 두 항목 옆에 사인을 하라고 했다. 그러고 나서 신용카드를 달라고 요청했다. 당신은 혹시 카드가 지갑에서 좀처럼 빠지지 않고 잡아당기면 당길수록 더욱 지갑 속으로 들어가는 듯한 경험을 한 적이 있는가?

그때 마침 내 카드가 지갑 속에서 이상한 각도로 자리를 잡고 있어서 꺼내기가 힘들었다. 그러자 그녀가 짜증난 목소리로 말했다.

"카드를 달라고 말씀드렸잖아요."

'휴…….'

마침내 카드가 지갑에서 빠져나왔고, 나는 그녀에게 카드를 건넸다. 그녀는 잡아채듯 카드를 가져가더니, 카드리더기에 통과시킨 후 책상에 '탁' 소리가 나게 내려놓았다. 이런 말을 하는 듯한 태도였다.

'당신이 가구를 훔쳐갈까 봐 이런 조치를 취하는 거예요.'

그러고 나서, 마치 마법에라도 걸린 것처럼 태도를 바꾸어 억지로 과장된 미소를 짓더니 이렇게 읊조렸다.

"모닝콜이나 신문이 필요하세요? 아침 식사는 식당에서 7시부터 9시 반 사이에 드실 수 있습니다. 그럼 편안히 지내다 가십시오."

나는 엘리베이터를 잡아타고 방으로 올라가서 짐을 내려놓고 여느 때처럼 방 안을 둘러보았다. 그리고 정말로 감동했다. 욕실에 들어가 보니 화장지의 끝부분이 작은 V자로 접혀 있었다. 이번에도 감동이었다. 나는 집에 전화를 걸어 아내에게 하던 일을 멈추고 당장 글래스고로 달려오라고 말하고 싶은 충동을 느꼈다. 화장지 끝을 V자로 만들어 놓아 고객을 진정으로 감동시킬 줄 아는 호텔을 발견한 기념으로 말이다.

나는 왜 수많은 호텔들이 공들여 화장지 끝을 V자 모양으로 만드는지가 늘 궁금했다. 지구상의 모든 호텔이 그렇게 하고 있다. 정작 호텔의 첫인상이 되는 직원을 교육하는 데는 공을 들이지 않으면서 말이다. 물론 그보다 더 나쁜 서비스도 많이 겪어 봤다. 하지만 이 호텔은 유명하고 값비싼 호텔이었기 때문에 나쁜 평판을 들으면 큰 손해를 볼 수 있었다. 호텔에서 나온 후에도 나는 그 일을 잊을 수 없었고, 사람들에게 그 이야기를 자주 들려주었다.

이보다 더 훌륭한 서비스는 없다!

이제 고객을 어떻게 대해야 하는지를 보여 주는, 내가 즐겨 인용하는 일화를 소개한다.

1997년에 싱가포르를 방문했을 때 나는 리츠칼튼 호텔에 머무는 특권을 누린 적이 있었다. 그때 나는 언젠가 가족들과 함께 호텔을 다시 찾겠다고 호텔 측에 말했었다. 리츠칼튼은 그 정도로 훌륭한 호텔이었다.

2004년에 나는 호주와 싱가포르에서 강연과 연설을 하게 되었는데, 마침 그 기간에 부활절이 겹쳐 있었다. 그리고 당시에 아들이 고등학교를 막 졸업하고 호주에서 지내고 있었기 때문에, 우리는 일과 휴가를 합친 여행을 하기로 했다.

오랜 비행 끝에 싱가포르 공항에 도착하자 예약해 둔 차가 대기하고 있었다. 기사는 정중했고, 호텔까지 편안히 모시겠다고 말했다. 30분이 채 지나지 않아 우리는 호텔 앞에 도착했다. 그리고 바로 그때부터 마법 같은 일이 시작되었다.

내가 그 호텔에 마지막으로 묵은 것은 7년 전이었다. 그런데 차 문이 열리자 도어맨이 환하게 웃으면서 이렇게 말하는 것이 아닌가.

"저희 리츠칼튼 호텔을 다시 찾아주셔서 감사합니다, 헤펠 씨!"

가히 별 다섯 개를 주어도 아깝지 않을 서비스였다. 7년! 그렇다, 그곳을 방문한 지 7년이 지났는데도 나는 차에서 내리자마자 "저희 리츠칼튼 호텔을 다시 찾아주셔서 감사합니다!"라는 말을 들었던 것이다. 뒤이어 이 호텔을 처음 방문한 나의 아내인 크리스틴이 차에서 내리자 도어맨은 이렇게 말했다.

"저희 호텔에 오신 것을 환영합니다, 헤펠 부인. 첫 방문이 즐거우시기를 바랍니다."

또한 뒤따라 내린 열한 살짜리 딸아이에게는 이렇게 말했다.

"사라 양이시죠? 사라 양께 드릴 작은 선물을 준비했습니다."

그리고 프런트 직원이 딸아이에게 작은 꽃다발을 건넸다.

만일 이 이야기가 여기에서 끝났다 해도 충분히 훌륭한 서비스로 기억에 남았을 것이다. 하지만 이야기는 거기에서 끝나지 않았다. 서비스는 점점 더 근사해졌다.

우리가 프런트 쪽으로 걸어가는데 맞은편에서 오던 호텔 직원 두 명이 우리의 이름을 부르면서, 내가 다시 호텔을 찾아 주어서 너무나 기쁘다며 아내와 딸과 머무는 동안 즐겁게 지내다 가시기를 바란다고 반갑게 맞이해 주었다.

그리고 프런트에 가자 체크인 서류가 준비되어 있었다. 집 주소 등 세부사항을 미리 프린트해 놓은 완벽한 서류였다. 그 서류는 내 쪽에서 읽을 수 있도록 책상 위에 놓여 있었고, 펜으로 깔끔하게 동그라미가 쳐져 있었다. 나는 그 부분에 그저 사인만 하면 되었다. 하지만 이제부터 진짜 중요한 장면이 등장한다. 프런트 직원에게는 한 가지 숙제가 남아 있었다. 내 신용카드 번호를 물어봐야 하는 것이었다.

독자들 대부분은 호텔에서 일하지 않을 것이고, 다른 사람의 신용카드 번호를 물어볼 일이 거의 없겠지만, 이 기회에 이 호텔의 프런트 직원에게서 진정한 5 Star Service가 어떤 것인지 배워 보기를 바란다. 내가 체크인 서류에 사인하고 나자 그녀는 이렇게 말했다.

"헤펠 씨와 헤펠 씨 가족분들은 저희 호텔에서 다섯 밤을 주무실 예정이시죠? 머무시는 동안 룸서비스를 주문하시거나 바에서 음료를 드실 수도 있고, 부티크에서 옷을 구입하시거나 식당에서 식사를 하실 수도 있을 겁니다. 그럴 경우에 대비해서 저희에게 신용카드 번호를 등록해 두시면 돌아다닐 때마다 현금을 지니고 다녀야 하는 부담을 줄이실 수 있을 겁니다.”

나는 속으로 외쳤다. ‘완벽해, 완벽해, 완벽해!’라고 말이다. 그렇다면 이런 서비스를 하는 데 과연 얼마가 들었을까? 단 한 푼도 들지 않았다. 친절한 자세를 보이는 데는 전혀 비용이 들지 않는다. 서비스 교육은 초기에는 노력이 필요하지만, 그 효과는 평생 간다. 방문한 지 7년이 지났는데도 도어맨이 내 이름을 불러줄 수 있도록 만든 훌륭한 시스템은 사실 아주 기본적인 기술일 뿐이다. 결국 중요한 것은 고객을 어떻게 대할 것인지를 선택하는 것이다.

그렇다면 리츠칼튼 호텔의 서비스는 보답을 받았을까? 나는 전 세계의 청중들, FTSE(Financial Time Stock Exchagae) 선정 100대 기업 임원들과 포춘지 선정 지도자 500명에게 이 이야기를 들려주었다. 또한 내가 가르치는 거의 모든 교육 프로그램과 주요 프레젠테이션에서 이 일화를 사례로 인용했고, 내 이야기를 경청하는 모든 분야의 청중, 그야말로 모든 계층의 수만 명에게 이 이야기를 들려주었다.

많은 사람들이 내 이야기를 듣고 리츠칼튼 호텔을 방문했고, 그때의 체험을 이메일로 보내 주었다. 나는 그저 경험담을 들려주었을 뿐 그 호텔을 공식적으로 추천하지는 않았다.

사람들은 분명히 당신에 대해 이야기한다. 하지만 면전에서 이야

기하는 경우는 거의 없다. 좀 더 자세한 사항은 '조용한 고객을 조심
하라'를 참조하기 바란다.

당신의 이야기는 과연 해피엔딩으로 끝나고 있는가?

그 후 싱가포르 리츠칼튼 호텔은 몇 년 동안 가보지 못했지만 런던
에 있는 체스터필드 호텔은 여러 차례 가봤다. 어느 날 나는 부인과
함께 오후 8시경에 체스터필드 호텔에 도착하게 되었다. 프런트에
있는 직원이 "헤펠 씨와 헤펠 부인, 저희 체스터필드 호텔에 오신 것
을 환영합니다!"라며 우리를 따뜻하게 반겨 주었다. 체크인을 하는
동안에도 그 직원은 우리의 번거로움을 최대한 덜어 주고 우리를 매
우 따뜻하게 대해 주었다.

그런데 방에 올라가서 이메일을 확인했을 때 나는 깜짝 놀라고 말
았다. 내 비서에게서 메일이 한 통 와 있었다. 자기는 체스터필드 호
텔에 예약을 하지 않았는데 혹시 내가 했느냐고 묻는 내용이었다.
혼란스러운 머리를 정리하고 나니 나는 우리가 실제로 예약이 되어
있지 않았다는 사실을 깨달았다!

나는 프런트로 내려가서 우리가 그날 저녁에 예약이 되어 있었는
지 물었다. 확인해 보니 예약이 되어 있지 않았다. 하지만 이 대목
에서 프런트 직원의 진가가 발휘되었다. 우리를 반겨 주고 나서 예
약 현황을 살펴봤을 때, 그녀는 우리가 예약이 되어 있지 않다는 사
실을 이미 알았다. 그런데도 재빨리 숙박 데이터를 훑어보고 우리가
예전에 묵고 나서 좋았다고 평가했던 방을 내준 것이었다.

　그녀는 내가 '예약이 되어 있지 않으시네요'라는 말을 듣고 싶지 않을 것이라고 생각했다고 했다. 내가 난처해할 수도 있었기 때문에 괜히 불편하게 하지 않고 완벽하게 효율적이고 겸손한 모습으로 우리의 기분을 좋게 해 주었던 것이다.

고객이 불만을 표할 때가
진가를 발휘할 기회이다

★ 불만사항은 실로 유용하다. 이 장에서는 우리가 고객의 불만을 끔찍하게 여기는 대신 끔찍이 여겨야 하는 이유 다섯 가지를 제시한다.

당신은 고객의 불만을 대단히 좋아해야 한다. 불만은 궁지에서 벗어나고 실수로부터 배우고 능력을 향상시킬 기회를 제공하기 때문이다. 물론 방법을 알아야만 효과가 있다.

이유1 - 무엇이 문제였는지 알 수 있다

고객의 불만사항을 모르는 것은 결코 약이 아니다. 문제는 무시한다고 해서 없어지지도 않는다는 것이다. 오히려 수습할 수 없는 지경에 이르기까지 심각해지고 커질 뿐이다.

서비스 불만사항을 인지하는 것이 문제를 바로잡기 위한 첫 번째 단계이다. 물론 불만을 접수할 때는 기분이 별로 좋지 않을 것이다. 그것이 당신이 책임져야 하는 문제일 경우에는 더욱 그렇다. 불만사항을 듣지 않았으면 좋았을 것이라는 생각도 들기 마련이다. 당신이 고객을 아낄 경우에는 더욱 그렇다.

고객이 불만을 제기하면 아무래도 당황스러울 수밖에 없다. 어쩌면 그래야 하는 것이 옳을지도 모르겠다. 하지만 그런 기분을 오래 느낄 필요는 없다. 당황한다고 해서 달라지는 것은 없기 때문이다.

이유2 – 문제를 고칠 기회가 주어진다

5 Star Service를 제공하는 것으로 소문난 이들도 자신들의 메시지를 분명하게 전달하기 위해 엄격하게 행동할 이유가 필요할 때가 있다. 동료들에게 "이 문제에 관해 불만이 접수되었는데, 누가 해결하시겠습니까?"라고 묻는 것은 해당 문제를 매우 긴급하게 만든다. 어쨌거나 똑같은 문제에 관한 불만을 또 듣고 싶은 사람은 없지 않은가?

고객의 불만을 접수했을 때, 일에 탄력을 붙이고 문제를 바로잡으려는 의욕을 불러일으키는 것은 좋은 현상이다. 당신과 당신 팀이 조치를 취하기 귀찮다는 핑계로 문제를 그냥 내버려 두지 않도록 해주기 때문이다.

그다음 단계는 문제를 해결하고 당신이 한 일을 고객에게 알리는 것이다. 전화를 걸어 불만을 접수해 줘서 고맙다고 말하면 고객은 좋아할 것이다. 당신이 고객의 이야기에 귀를 기울인다는 것을 보여 주고 문제를 바로잡기 위해 어떤 조치를 취했는지 설명해 줘라.

이유3 – 정신을 번쩍 들게 한다

우리는 누구나 이따금씩 주의를 촉구하는 계기를 필요로 한다. 당신이 '블랙 컨슈머'를 상대하는 것일 수도 있지만, 세상의 99퍼센트는 선량한 사람들이라는 나의 의견에 동의한다면, 그들의 불만도 다른 고객의 불만처럼 진지하게 취급해야 한다.

그들이 혹시 실제로 문제점을 찾아줄지 누가 아는가? 너무 효과적인 나머지 블랙 컨슈머마저도 그 과정을 즐길 수밖에 없는 서비스 문화가 있다고 상상해 보라. 그러나 정신을 번쩍 들게 하는 계기야말로 당신이 서비스에 관해 사전 조치를 취하게 하는 데 필요한 것일 수도 있다.

이유4 – 새로운 것을 배울 수 있다

아니면 당신이 배우기를 '바란다'고 해야 할지도 모르겠다. 고객의 불만사항 덕택에 조직은 가파른 학습 곡선을 체험하게 된다. 시대가 변하고, 새로운 직원들이 일을 시작하고, 작업 방식이 바뀌다 보면 당신이 눈치채기도 전에 똑같은 문제가 다시 발생한다.

이 대목에서 '불만과 그에 따른 해결책'이 적힌 책이 유용할 수 있다. 이 책은 일반에 공개되는 '불만사항을 모아 놓은 책'이 아니다. 불만사항을 죽 적어 둔 책이라는 것은 정말이지 말도 안 되는 생각이다. 대체 무슨 이유로 내가 고객과 직원들에게 '여러분의 불만을 기다리고 있겠습니다'라고 말하는 환경을 조성하겠는가?

내가 말하려는 책은 이런 게 아니라 당신이 뒤편 사무실에 두고 동료들과 같이 보면서 어떤 일이 벌어졌는지, 문제가 어떻게 발생했는지, 문제를 어떻게 해결했는지, 같은 문제가 반복되지 않도록 어떤 조치를 취해야 하는지 살펴보는 책이다.

이유5 – 고객이 당신에게 직접 말해 주는 편이 낫다

친구들에게 말하는 것보다는 낫지 않은가. 사람들은 대체로 문제가 발생해도 불평하지 않는다. 적어도 당신에게 불만을 늘어놓지는 않는다. 대신 가족, 친구, 이웃을 비롯하여 귀가 달린 누구에게나 털어놓는다.

운이 좋은 경우에 당신은 다른 사람을 통해 그런 불만을 접하고 고객이 직접 말해 주었으면 좋았을 것이라고 생각하게 된다. 하지만 고객은 불만을 직접 이야기하지 않기 때문에 당신은 그것을 알 턱이 없고 고객은 계속해서 '불쌍한 나'의 이야기를 여기저기 들려준다.

그러니까 다음에 불만사항을 듣게 된다면 마음속으로 이렇게 생각해 보라. '문제가 무엇인지 이제 알게 됐으니 고칠 수 있겠어' 또는 '정신이 아주 번쩍 드네. 이 문제를 통해 새로운 것을 배웠어! 고객이 다른 고객이 아니라 나에게 불만을 털어놓아서 천만다행이야'라고 말이다.

이런 생각이 들면 불만을 처리하는 과정이 훨씬 쉬워질 것이다.

신기술을 **포용**하라

★ 리처드 베이커는 웨일스와 잉글랜드 북서부를 누비는 버진 열차(Virgin Trains)의 총지배인이었다. 그는 트위터나 소셜 미디어를 적극 활용하는 인물이기도 했다. 리처드가 특별했던 이유는 신기술을 포용하여 고객 서비스 수준을 향상시킨 점과 빛의 속도에 가까운 일 처리 속도 때문이었다.

이런 장면을 한번 상상해 보라. 당신이 버진 열차에 올라타 여행에 대한 느낌을 트위터에 올린다고 생각해 보자. 그 트윗은 아마도 이런 식일 것이다.

'버진 열차를 타고 리버풀로 향하는 길. 조용한 칸이라더니 어떤 자식이 전화를 하며 계속 시끄럽게 군다.'

그 후 불과 몇 분 만에 트위터로 '그런 일을 겪고 계셔서 유감입니다. 어느 열차에 탑승하고 계십니까?'라는 메시지를 받았다고 상상해 보라. 질문을 받았으니 당신은 기쁜 마음으로 '4시 30분에 유스턴에서 출발한 열차입니다.'라고 답을 보낸다. 메시지를 보낸 지 얼마 지나지 않아 승무원이 객차로 와서 시끄럽게 구는 승객에게 통화는 객차 끝의 연결 통로에서 해 달라고 공손하게 부탁한다. 당신의 기분을 상하게 했던 문제는 그렇게 쉽게 사라진다.

그럼 정확히 어떤 일이 벌어진 것일까? 처음 일어난 일은 리처드가 트위터에 '버진'과 '열차'라는 단어가 뜨면 알 수 있도록 알림 설정을 한 것이다. 내용이 좋든 안 좋든, 이 두 단어가 들어 있는 트윗이 뜨면 그는 틈나는 대로 답변을 한다. 위의 경우에는 승객을 도울 수 있었기 때문에 승객이 어느 열차에 탑승했는지 물었다. 필요한 정보를 얻자마자 리처드는 해당 열차로 전화를 걸어 승무원에게 조치를 취하라고 알렸다. 조치는 곧 취해졌고, 리처드는 임무를 완수했다.

나는 리처드에게 트위터로 연락하여 이런 기술을 왜 이용하는지 물었다. 그랬더니 이런 답변이 왔다.

'저는 고객분들과 이야기를 나누려고 트위터를 이용합니다. 전국적인 철도 서비스를 책임진다는 것은 저희 고객분들이 전국 어디에나 계신다는 뜻입니다! 트위터 덕택에 거리에 구애받지 않고 저는 고객분들과 관계를 형성할 수 있습니다. 승객들이 겪었던 불편이나 문제점을 찾아내어 해결할 수도 있습니다.'

리처드가 트위터를 활용한다는 사실에서 놀라운 것은 기술이 그가 더 나은 서비스를 제공하도록 돕는다는 점이 아니라(일거리만 늘

어났다고 생각할 수도 있지 않은가) 그가 문제를 인식하고, 조치를 취하고, 고객의 의견을 듣는 데 기술을 이용한다는 점이다.

아주 가까운 미래에는 이런 유형의 기술을 활용하는 것이 전혀 놀랍지 않을 것이다. 전화처럼 트위터도 우리의 작업 방식에 자연스럽게 스며들 것이기 때문이다. 내가 언급하지도 않은 문제에 대해 서비스 공급자들이 기술을 활용하여 '피드백을 찾아보고' 연락해 오면 얼마나 신나겠는가? 이때의 '피드백'이란 당신이 소셜 미디어를 통해 공유하거나 고객 평가 게시판 등에 올린 정보를 말한다. 나는 이것을 '빅 브라더'의 긍정적인 유형이라고 생각하고 싶다.

나는 여기서 당신이 리처드 베이커가 한 대로 하라고 말하는 것이 아니다. 물론 따라 한다면 그것도 아주 좋은 출발점이 될 수는 있을 것이다. 하지만 그 대신 이 부분을 읽으면서 새로운 기술과 소셜 미디어를 활용하여 서비스의 품질을 향상시킬 수 있는 방법에 대해 생각해 보기를 바란다.

이런 경우 도움이 될 만한 아이디어 몇 가지를 제시한다.

- 이카드(eCard)를 만들어 고객에게 보내라. 직접 만들기 귀찮다면 www.michaelheppell.com에 접속해서 내가 만든 것을 무료로 받아 가라.
- 트위터, 페이스북, 링크드인에 가입하라. 이런 의사소통 방식이 우리가 고객에게 서비스를 제공하는 방식에 커다란 변화를 불러오고 있다는 사실에는 의심의 여지가 없다. 다른 의사소통 방식

과 마찬가지로 이런 도구에 관심을 가질 것인지, 자신이 온라인 상에서 흥미로운 인물로 비칠 것인지는 당신에게 달렸다.

당신이 얼마나 대단한지 홍보하는 것만으로, 더 심한 경우 가만히 팔짱 끼고 앉아 있는 것만으로는 팔로워를 모을 수 없다.

- 상품평이나 서비스에 대한 평가가 올라오는 게시판을 찾아 당신의 회사에 관한 글을 찾아보라. 그러고 나서 고객의 불만, 걱정, 칭찬 등에 반응을 보여라. 고객이 당신의 실수를 언급했더라도 방어적인 태도를 취해서는 안 된다. 솔직하게 이야기하고 문제를 고치기 위해 어떤 조치를 취하고 있는지 알려라.
- 뉴미디어를 통해 고객들이 당신에게 쉽게 연락할 수 있게 하라. 능력이 닿는다면 의견을 양쪽에서 주고받을 수 있게 하라. 이런 활동의 훌륭한 본보기가 궁금하다면 이케아(IKEA) 홈페이지를 방문하여 '안나에게 물어보세요' 페이지를 살펴보기 바란다.
- 신기술을 활용하여 다른 사람들이 무엇을 하는지 알아보라. 조사를 미리 하지 않으면 당신이 알게 되었을 때쯤에는 너무 늦은 뒤일 것이다!
- 블로그를 운영하고, 방문해 주기를 바라는 사람들이 흥미를 보일 만한 내용을 올려라. 피드백을 받을 수 있도록 하는 것도 잊지 말아야 한다. 내용이 좋든 나쁘든 사람들이 댓글을 달 수 있게 설정하라.

● 위의 아이디어와 연관된 아이디어를 하나 더 내자면, 고객이 참
여할 수 있게 하라. 고객들끼리 도움을 주고받고 의견을 나누게
하면 온라인 커뮤니티가 형성되는데, 사람들은 공동체에 소속되
는 것을 좋아한다.

이 글을 쓰는 현재, 위에 제시한 아이디어는 지금 시대에는 어느
정도 어울리지만, 기술의 본질상 머지않아 시대에 뒤떨어질 것이다.
그렇다고 해서 이를 핑계로 이런 활동을 멀리하지는 마라. 당신이
이 책을 읽고 있는 현재 통용되는 기술이 무엇이든 그것을 활용한다
면 온라인상으로도 훌륭한 5 Star Service를 제공할 수 있을 것이다.

조용한 고객을
조심하라

★ 우리는 끊임없이 변화하는 세상에서 살고 있다. 과학 기술, 일하는 방식, 사람들의 가치관 등 많은 것들이 매일 엄청나게 변하고 있다. 하지만 그중에서 가장 큰 변화는, 고객들은 비용은 적게 들이면서 훌륭한 서비스를 받기를 기대하지만 그것을 당신에게 말해 주지 않는다는 것이다.

고객들은 그 어느 때보다도 많은 것을 기대하고 많은 것을 요구하고 있다. 당신이 고객 입장일 때를 생각해 보라. 물건을 살 때 자신이 정확히 무엇을 바라는지 시간을 들여 말하는가? 아마 그렇지 않을 것이다. 무엇보다도 우리에게는 그렇게 할 만한 시간이 없다.

최근에 친구와 함께 여행한 적이 있었는데 친구가 묵은 호텔 방은 그야말로 엉망이었다. 방은 청소도 되어 있지 않았고, 더블베드에 비흡연실을 예약했는데 그 방은 트윈베드에 흡연실이었다. 게다가 샤워기에서는 물이 제대로 나오지 않았으며, 난방을 너무 심하게 해서 질식할 것 같은데도 방 안에는 난방 조절 장치조차 없었다.

다음날 아침에 로비에서 만났을 때, 그는 내게 자기 방의 문제점들과 그가 보낸 '악몽 같은 밤'에 대해 이야기했다. 잠시 후 호텔 지배인이 다가와서 우리에게 간밤에 편안히 잘 지냈느냐고 물었다. 나는 친구를 쳐다보았다. 친구는 이렇게 답했다.

"잘 잤습니다. 감사합니다."

지배인이 자리를 뜬 뒤 내가 이렇게 물었다.

"좋다고? 도대체 뭐가 좋다는 거야?"

친구가 단호하게 말했다.

"일부러 그런 말까지 해줄 필요 있어? 다시 안 오면 되지."

호텔 지배인은 우리가 호텔방에 만족하고 있다고 생각했을 것이다. 하지만 친구는 이렇게 생각했다.

'앞으로 다시는 이 호텔에 오지 말아야지!'

체크아웃을 하면서 우리는 고객 만족도 설문지를 받았는데 그때도 친구는 불편사항을 신고하지 않았다.

당신은 당신에 대한 고객들의 생각을 어떻게 알게 되는가?
아무 말도 하지 않는다고 그 고객이 만족하는 것은 아니다.

그렇다면 어떻게 해야 고객의 생각을 알 수 있을까?

1. 좋은 의견이든 나쁜 의견이든 마음 놓고 말할 수 있는 편안한 분위기를 만든다. 처음부터 고객에게 솔직하고 열린 자세를 보이면 이런 분위기를 만들 수 있다.

2. 고객들이 실제로 느끼고 있는 바를 표현할 수 있도록 고안된 핵심 질문을 던진다. "어떤 사항을 개선해야 할까요?"와 같은 질문으로 시작할 수도 있다. 그러면 고객들은 대부분 이렇게 답할 것이다. "글쎄요, 특별히 개선할 점은 없는 것 같은데요"라고. 하지만 이제 당신은 조용한 고객들이 얼마나 무서운지 알고 있기 때문에 이렇게 말해야 한다. "감사합니다. 그래도 한 가지를 꼭 말해야 한다면 어떤 점을 들 수 있을까요?"라고 말이다. 그리고 나서 고객들의 답변을 주의 깊게 듣는다.

3. 고객 의견서 작성을 의뢰할 경우에는 다음과 같이 덧붙인다. "혹시 고객 의견서 한 장만 써줄 수 있으세요? 최대한 솔직하게 써주십시오. 저희는 고객의 의견을 아주 소중하게 생각합니다. 더 좋은 서비스를 할 수 있게 해주니까요."

고객이 불편사항을 털어놓는 경우, 반드시 고맙다는 말을 해야 한다. 그 고객은 속으로는 그렇게 생각하면서도 말하지 않았던 다른 고객들을 대변하고 있는 것이다. 그리고 나서 이 책에 나오는 50가지 정도의 아이디어를 활용하여 고객의 불편사항을 해소하고 그 고객을 평생고객으로 만들어라.

고객들이 바라는 사항을 모두 적어서 목록으로 만든 다음 고객(혹은 고객의 대표)을 만날 때 그 목록을 보여 주고 그 목록의 내용이 맞는지, 추가하고 싶은 사항이 더 있는지 물어본다.

이것이 너무 지나친 친절이라는 생각이 든다면, 역으로 당신이 이런 대접을 받았을 때 당신이 어떤 느낌을 받을지 한번 생각해 보라. 어느 날 치과에 갔는데 평소에 당신과 친근하게 말을 주고받던 프런트 직원이 향후 개선될 서비스 목록을 보여 주면서 혹시 첨가할 사항이 있으면 말해 달라고 한다. 그리고 그다음에 방문했더니 병원의 서비스가 개선되어 있고 거기에 당신의 의견이 반영되어 있다면, 당신은 어떤 느낌을 받겠는가.

레이더(RADAR)
사고를 하라

★ 당신은 늘 일어나는 일상적인 문제에 어떻게 대처하는가? 고객이 언짢아할 것이라는 사실을 알고 있지만, 당신이 할 수 있는 일은 아무것도 없고 그 일이 당신의 권한 밖이기 때문에 손을 놓고 있는가?

레이더는 훌륭한 발명품이다. 레이더 덕분에 우리는 매일 위험을 예측하고 막을 수 있다. 그 자체가 위험을 없애 주지는 않지만 레이더는 어디에 위험이 도사리고 있는지, 그리고 어떻게 그 위험을 피해야 하는지를 알려 준다.

같은 항로를 매주 항해하는 배가 있다고 가정해 보자. 선원 한 명이 항로에 있는 암초에 대해 불평하면서 그 암초를 다른 곳으로 옮겨 놓으려고 여러 해 동안 노력한다면 어떻게 될까. 암초는 여전히 그 자리에 있고, 그 선박을 소유한 회사는 파산하게 될 것이다.

레이더 사고는 문제가 일어날 것을 미리 생각하고 고객이 불편을 겪지 않도록 사전에 조치하기 위해 반드시 필요하다.

레이더(RADAR)는 다음과 같이 풀어 쓸 수 있다.

Realize : 깨달아라

Assess : 생각하라

Decide : 결정하라

Act : 행동하라

Review : 다시 검토하라

이를 단계별로 좀 더 자세히 파악해 보자.

Realize(깨달아라) : 문제를 인식하는 단계. 고객에게 관심을 갖고, 고객이 늘 겪는 일상적인 문제가 무엇인지 살펴보라. 문제가 배송 지연인가? 하청업자와의 관계인가? 비용인가? 고객의 비능률성인가?

　문제를 파악하고 나면,

Assess(생각하라) : 고심해서 여러 가지 생각을 내놓아라. 정말 좋은 방안을 찾고 싶다면 생각을 모으는 과정에서 다음의 세 가지 규칙을 준수해야 한다.

1. 떠오르는 생각을 모두 적는다.

2. 긍정적인 태도를 유지한다. 예전에 해 봤는데 소용이 없었다는

말을 아무도 하지 못하게 하라.

3. 모든 사람들에게 의견을 낼 수 있는 기회를 준다.

이렇게 생각을 모으고 나면,

Decide(결정하라) : 생각해 낸 방안 가운데 어떤 방안을 이번에 사용하고 어떤 방안을 다음 기회에 사용할지 혹은 아예 쓰지 않을지 결정하라. 가장 좋은 방안을 고르되, 그 방안이 실제로 문제 해결에 도움이 되는지 확인하라. 여기서 깨닫고 생각하는 과정을 다시 거칠 필요가 있다.

좋은 방안을 선택하고 나면,

Act(행동하라) : 아무리 좋은 결정도 실천에 옮기지 않으면 아무 소용이 없다. 혹시 통나무 위에 앉아 있는 개구리 네 마리 이야기를 들어 본 적이 있는가? 개구리 한 마리가 통나무 위에서 뛰어내리기로 결심했다. 몇 마리의 개구리가 통나무 위에 남았을까? 답은 네 마리이다. 뛰어내리겠다고 결심했던 개구리는 결심만 했을 뿐, 실제로 뛰어내리지는 않았다! 생각해 낸 방안을 신속하게 행동으로 옮겨서 모든 사람이 당신이 무엇을 하려고 하는지 알게 하라.

방안을 실천에 옮기고 나면,

Review(다시 검토하라) : 방안을 조정하거나, 필요하다면 그 방안을 완전히 폐기하라. '처음부터 잘해야 한다'는 생각은 버려라. 언제든 좋은 방안을 찾아내서 그것을 실천에 옮기면 된다. 세상을 바꾸어 놓은 수많은 생각들도 대부분 처음에는 잘못된 생각에서 시작되었다.

이처럼 일단 레이더 사고를 숙지하고 나면 그것을 주간 미팅이나 매월 있는 직원 교육 내용에 포함한다. 이런 사고를 많이 활용할수록 일의 능률은 더욱 높아질 것이다.

레이더 사고를
현장에서 실천하라

★ 이제 자주 일어나는 문제를 훌륭한 고객 서비스로 탈바꿈시킨 레이더 사고의 훌륭한 예시 세 가지를 소개한다.

1. 디즈니

훌륭한 고객 서비스를 설명하기 위해서는 디즈니의 예를 빼놓을 수 없다. 디즈니 놀이공원 중 가장 큰 규모인 미국 플로리다 주 올랜도 시의 엡콧 센터에는 대규모의 주차장이 완비되어 있다. 그곳을 방문해 보았다면, 그리고 그곳까지 운전해서 갔다면, 그곳 주차장이 얼마나 큰지 알고 있을 것이다. 엡콧 센터 주차장에는 최대 2만여 대의 차가 들어갈 수 있다.

아침에 모든 고객을 주차장에서 놀이공원까지 안내해 주고 저녁 때 다시 놀이공원에서 주차장까지 데려다 주는 것은 엄청난 규모의 일이다. 따라서 어떤 가족이 저녁에 지친 모습으로 주차장 직원에게 자신이 차를 어디에 세워 놓았는지 기억나지 않는다고 말해도 도와줄 방법이 없다. 이런 일이 열 가구 혹은 스무 가구에만 일어난다면 간단히 처리할 수 있겠지만, 공원이 붐빌 때는 주차장 번호를 기억하지 못하는 사람이 500명도 넘기 때문이다.

평범하게 사고하는 회사였다면 주차장 위치를 잊어버린 가족들에게 그런 실수가 얼마나 우매한 것인지 알려 준 뒤 모든 사람들이 집에 돌아갈 때까지 기다리라고 했을 것이다. 그리고 그 가족이 121,400m² 넓이의 주차장에 남아 있는 차 중에 자신의 차를 찾아내서 앞으로 다시는 그런 실수를 하지 않겠노라 다짐하며 집에 돌아가기를 바랐을 것이다.

한번은 주차장 번호를 기억하지 못하는 사람들을 위해 대기실을 만들어서 그 가족들이 그곳에서 만화를 보고 과자를 먹으면서 기다리도록 하자는 제안이 나왔다. 주차장의 차들이 빠져나가고 나면 그 사람들이 '차를 찾아드립니다'라는 팻말을 단 차량을 타고 주차장을 돌아다니며, 자기 차의 불빛이 반짝일 때까지 미친 듯이 차 키의 리모콘을 누르게 하자는 것이었다.

얼핏 듣기에 재미있고 좋은 생각인 것 같았지만, 긴 하루를 보낸 가족들이 과연 다른 차들이 떠날 때까지 즐거운 마음으로 기다릴 수 있을까? 아마 그들은 한시라도 빨리 차를 찾아서 집에 가고 싶은 마음뿐일 것이다.

이제 디즈니가 이 문제를 어떻게 해결했는지 살펴보자. 다음에 소개하는 방법을 사용하자, 주차장 번호를 기억하지 못했던 90퍼센트의 사람들이 5분도 채 걸리지 않고 자신의 차를 찾을 수 있었다.

놀이공원에 도착하면 사람들은 차를 주차한 후 로드 트레인을 타고 주차장에서 공원 입구까지 간다. 로드 트레인 기사는 사람들에게 자기 차를 주차한 주차장의 이름(모두 디즈니의 캐릭터를 따라 지어진)과 주차한 열의 번호를 기억하라고 말한다. 그리고 큰 소리로 주차장 이름과 번호를 외치게 한다. 하지만 하루가 끝날 때쯤이면 사람들은 대부분 너무 흥분하거나 지쳐 있어서 자기 차를 주차해 놓은 주차장의 이름과 열을 까맣게 잊어버리고 만다.

그래서(이제부터 디즈니의 마법이 시작된다) 디즈니에서는 아침에 사람들을 태워서 공원 입구까지 데려다 주었던 운전기사가 사람들이 차에 탑승한 시간과 주차장 이름 그리고 열의 번호를 적어 놓는다. 오후가 되어 주차장 이름과 열의 번호를 잊어버린 사람이 도움을 요청하면 주차장 직원이 그 사람에게 공원에 도착한 시간이 언제였는지를 묻는다.

대부분의 경우 사람들은 공원에 도착한 시간을 기억하고 있다. 그 이유는

1. 공원에 일찍 도착했다는 사실이 뿌듯해서

2. 공원 문이 열릴 시간에 맞게 오느라 서둘렀기 때문에

3. 늦게 도착해서 몇 시간을 손해 본 셈인지를 계산해보았기 때문

이다(디즈니 입장권은 상당히 비싸다!).

그러면 도착 시간을 들은 직원은 명단에서 그 시간대를 찾은 뒤 "고객님의 차는 플루토 15번에 있습니다"라고 말해 준다. 물론 자기 차를 찾게 된 사람들이 불현듯 디즈니에 대해 친근감에 휩싸이는 것은 당연하다. 간단하면서도 효율적인 이 시스템은 고객에게 큰 감동을 주고, 직원들의 귀중한 시간을 절약해 주며, 크게 노력하지 않고도 두 배의 효과를 낼 수 있게 해 준다.

2. 올림피안 퍼니처

영국의 글래스고와 에든버러에 있는 올림피안 퍼니처는 정말 굉장한 기업이다. 훌륭한 가구를 제공할 뿐만 아니라 고객을 세상에 존재하는 유일한 사람인듯 소중히 대하기 때문이다. 물건을 사지 않는 사람에게도 정성을 다하기 때문에 그곳을 방문하면 기분이 좋아진다.

하지만 올림피안 퍼니처에는 큰 문제가 있다. 가구들이 대부분 손으로 조립되기 때문에 주문에서 배달까지 최대 12주 가까이 걸리는 것이다. 그래서 훌륭한 가구에 푹 빠진 고객들이 기쁜 마음으로 가구를 주문하면 이런 말을 듣게 된다.

"배달되려면 12주가량 걸립니다."

그렇다면 물건을 주문한 고객들은 언제 배송되기를 바랄까? 그렇다. 지금 당장, 혹은 적어도 며칠 이내로 배송되기를 바랄 것이다.

"하지만 기다리실 만한 가치가 있을 겁니다."

총명한 올림피안 퍼니처의 직원들은 얼른 이렇게 덧붙인다. 물론 지당하신 말씀이다. 하지만 고객들은 여전히 이렇게 생각한다.

'나는 지금 당장 이 가구를 갖고 싶은데.'

레이더 사고를 배운 후, 이 회사는 미리 조립된 낮은 품질의 가구를 사다 놓고 팔지 않는 한 이런 문제가 없어지지 않을 것이라는 사실을 깨달았다. 하지만 그렇다고 해서 낮은 품질의 가구를 팔 수는 없었다.

올림피안 퍼니처는 고객들을 오랫동안 기다리게 하는 것이 문제라는 사실을 깨달았다. 그래서 무엇을 할 수 있을지를 생각했고, 배송 직원과 관리 직원들을 포함한 전 직원들에게 의견을 물었다. 결국 그들은 오래 걸리는 배송 기간을 회사의 고유한 특징으로 만들어 물건을 팔 때 집중적으로 부각시키기로 결정했다. 그리고 행동에 들어갔다.

그들은 올림피안 퍼니처의 가구들이 최고급품이기 때문에 다른 일반 가구보다 배송받기까지 시간이 더 많이 걸린다는 점을 고객에게 자세히 설명할 수 있도록 설명서를 작성해서 전 직원에게 돌렸다. 가구를 팔 때 고객이 주문을 하고 나면 어떤 일이 진행되는지를 직원들에게 설명하도록 한 것이다. 이탈리아에서 가죽이 염색되는 과정과 오랜 시간에 걸쳐 특별한 과정을 거치는 나무 윤택 작업 등과 같은 구체적인 작업 절차를 직원들이 설명하는 것이었다. 또한 가구가 완전히 다 조립되어 튼튼한 상태에 있어야 운반할 때 손상이 없으며, 최종 검사를 거친 후에야 비로소 배송팀이 고객들에게 가구를 배송한다는 점도 설명하는 것이었다.

올림피안 퍼니처는 이 전략을 다시 검토하면서 고객들에게 보다 세련된 방법으로 '왜 그렇게 오랫동안 기다릴 만한 가치가 있는지'를 납득시키고, 그것이 올림피안 퍼니처가 내놓은 고급 가구의 특징임을 인식시킬 수 있도록 계속해서 설명할 내용을 다듬었다.

3. 다이슨

친구인 니콜라가 어느 날 내게 전화를 걸어 이렇게 말했다.

"청소기 회사 다이슨이 레이더 사고를 하고 있어."

다이슨은 나와 한 번도 같이 일한 적이 없었기 때문에 그들이 그것을 레이더 사고라고 부를 리는 없겠지만, 그들의 사고는 단순하고 훌륭해서 레이더 사고라고 부르기에 손색이 없었다.

어느 날 니콜라의 다이슨 청소기가 작동되지 않았다. 3년 동안 아무 문제없이 작동되던 청소기가 갑자기 작동을 멈추었던 것이다. 레이더 사고는 니콜라가 청소기에서 A/S 센터 전화번호를 발견했을 때 이미 그 모습을 드러냈다. 사람들이 대부분 설명서를 보관해 놓지 않는다는 사실을 알고 설명서 대신 청소기에 A/S 센터 전화번호를 붙여 놓은 것이다.

레이더 사고가 두 번째로 모습을 드러낸 것은 니콜라가 토요일 밤에 전화를 했는데도 A/S 센터 직원이 전화를 받았을 때였다. "사람들이 다이슨 청소기를 스물네 시간 중 아무 때나 이용할 수 있으므로 다이슨도 스물네 시간 서비스 대기 상태에 있어야 한다고 생각합니다"라는 것이 A/S 센터 직원의 설명이었다. 청소기의 상태에 대한 설명을 들은 A/S 센터 직원은 모터가 타서 그러는 것 같다고 빠르게 진단했다. 기술자가 집을 방문해서 청소기를 수리해 줄 것이며, 비용은 아무리 많이 나와도 50달러를 넘지 않을 것이라고도 했다.

전화를 끊자 기술자가 신속하게 제시간에 도착하더니 청소기의 고장 원인이 모터에 있다고 말하고 모터를 교체해 주었다. 그리고 청소기의 선이 낡아 보인다며 새것으로 갈아 주고, 플러그가 벌어졌다며 새 플러그를 끼워 주었다. 또 필터를 교체하고 청소기 전체를 손봐 주었다. 그리고 이 모든 서비스에 대한 비용으로 약속된 50달러만 받았다.

레이더 사고가 본격적으로 가동되기 시작한 것은 그 기술자가 니콜라에게 필터 청소법을 아는지, 6개월마다 한 번씩 필터 청소를 해 주어야 한다는 사실 알고 있는지 물었을 때였다. 니콜라는 두 가지 사실을 다 모르고 있었다.

기술자는 청소기의 모터가 타게 되는 가장 큰 이유는 사용자가 필터를 청소하지 않기 때문이며, 6개월에 한 번씩은 반드시 필터를 청소해야 한다고 말했다. 그리고는 니콜라에게 청소기 필터를 빼내고, 청소를 한 후 다시 장착하는 방법을 알려 주었다.

그런 다음 그는 컴퓨터를 켜 달라고 하더니 다이슨의 홈페이지로 들어가서 니콜라가 6개월에 한 번씩 필터 청소에 대한 알림 메시지를 받을 수 있도록 등록해 주었다. 니콜라가 그 주기를 기억하기 쉽도록 말이다. 또 한 가지, 니콜라는 다이슨의 홈페이지에서 청소기

부속품이 10% 할인 중이라는 광고를 보고 60달러 상당의 부속품을 샀다!

이 책을 읽는 독자들 중에 레이더 사고를 활용해 본 경험이 있는 분은 info@michaelheppell.com으로 내용을 보내 주기 바란다. 혹시 아는가, 당신의 경험이 이 책의 다음 번 개정판에 소개될지.

고객의 감정은행 계좌에
입금을 하라

★ 유명한 경영 컨설턴트인 스티븐 코비는 모든 사람이 '감정은행 계좌'를 갖고 있다고 말했다. 그의 말에 따르면, 우리는 다른 사람의 감정은행 계좌에서 감정을 출금한 뒤 자신의 감정은행 계좌로 입금하고 싶어 한다고 한다. 하지만 대부분의 사람들은 자신의 계좌에서 감정이 빠져나가는 것을 그리 좋아하지 않는다. 따라서 다른 사람의 계좌에서 자신의 계좌로 감정을 입금하려면 상당한 노력을 해야 한다.

다른 은행 계좌처럼 감정은행 계좌도 입금을 많이 할수록 계좌의 건전성이 높아진다. 반대로 출금을 많이 할수록 계좌는 마이너스 상태가 된다. 따라서 건전한 계좌에는 출금보다 입금이 많아서 잔고가 많이 남게 될 것이다. 하지만 마이너스 계좌에는 입금보다 출금이 더 많아서 부도수표가 발생할 것이다. 그리고 이를 안 은행 직원은 통장 해지 통지서를 우편으로 보내 우리를 당황하게 만들 것이다.

다음은 할인된 금액으로 비행기를 이용할 때, 감정은행 계좌가 어떻게 돌아가는지 보여 주는 예시이다.

- 저렴한 가격에 비행기 표를 구입하여 비용을 절약했다. | 입금
- 체크인 때 오래 기다리지 않았고, 담당 직원도 친절했다. | 입금
- 짐이 규정보다 2kg 초과되어 추가 비용을 냈다. | 출금
- 출국 보안 검색대에서 그리 오래 기다리지 않았고, 검색도 금방 끝났다. | 입금
- 비행기가 제시간에 출발할 예정이다. | 입금
- 방송에서 당신의 좌석 번호를 부르며 탑승을 재촉하여 허겁지겁 달려갔다. | 출금
- 탑승하자 승무원들이 정중하고 따뜻하게 맞아 주었다. | 입금
- 탑승 후, 문제가 생겨 기술자가 기체를 점검할 동안 기다려야 한다는 방송이 나왔다. 기체 점검에는 두 시간이 걸린다고 했다. | 출금

이 경우에 항공사 직원들이 처음에 당신에게 어떻게 대했는지에 따라, 향후 두 시간 동안 활주로에 서 있는 비행기에 앉아 있어야 한다는 소식에 대한 당신의 반응이 크게 달라질 것이다. 우리는 어떤 회사에 문제가 생겼을 때 그 회사를 어떻게든 감싸 주려고 하는 사

람을 주위에서 쉽게 만나볼 수 있다.

그 사람이 그렇게 하는 이유는 무엇일까? 그것은 그 사람이 감싸 주려고 애쓰는 회사가 그동안 그 사람의 감정 계좌에 감정을 충분히 입금해 주었기 때문이다. 그 사람은 그 회사를 감싸 주기 위해 무엇이든 하려 할 것이다.

당신도 아마 이랬던 적이 있을 것이다. 어느 날 어떤 음식점에 갔는데, 음식이 너무 맛있어서 그 음식점에 자주 가게 되었다. 그러던 어느 날, 저녁을 먹으러 그 음식점에 갔는데 서비스가 별로 좋지 않고 음식도 예전처럼 맛있지 않아서 실망하며 식사를 마쳤다.

이런 상황이라면 당신은 어떻게 할 것인가? 다른 사람들과 동행한 경우 장담하건대 당신은 그 식당을 이렇게 변호할 것이다. "평소엔 이렇지 않았는데 이상하네, 아마 주방장이 휴가 갔을 거야" 혹은 "웨이터인 줄리앙이 보이지 않는 걸 보니 무슨 일이 있는 것 같아. 다음에는 줄리앙이 있는 날로 예약을 잡아야겠어" 와 같이 말이다.

그날 저녁 그 음식점은 당신의 감정은행 계좌에서 감정을 출금해 갔다. 하지만 이전에 입금을 많이 해 두었기 때문에 당신은 그 음식점에 다시 가게 될 것이다. 뿐만 아니라 누군가가 그 음식점이 식사하기에 좋은 장소인지 묻는다면, 당신은 그날의 기억을 까맣게 잊은 채 줄리앙이 있었을 때 먹었던 맛있는 음식과 훌륭한 서비스만 말해 줄 것이다.

하지만 이후에 다시 방문했을 때에도 여전히 서비스가 형편없고 값에 비해 음식의 질이 떨어지는 일이 반복된다면, 오래지 않아 당신의 감정 계좌는 잦은 출금 때문에 그 상태가 굉장히 나빠질 것이다. 그때는 이미 모든 것이 늦었다. 설사 줄리앙이 집으로 찾아와 문을 두드리며 다시 한 번만 방문해 달라고 요청한다 해도 당신은 그 식당에 다시는 가지 않을 것이다.

다른 사람의 감정은행 계좌에 입금을 많이 할수록 좋다. 언제 갑자기 당신에게 대량 출금을 해야 할 급박한 상황이 생길지 누가 알겠는가. 주위의 모든 고객에 대해 생각해 보라. 고객들의 감정은행 계좌는 어떤 상태인가? 입금이 필요한 때는 아닌가?

★ ★ ★ ★ ★　　실천사항

그럼 실제적으로 감정은행 계좌에 즉시 입금이 가능하게 하는 다섯 가지 실천사항을 소개하겠다.

1. 얼굴을 찌푸리지 않는다. 얼굴 표정은 상대방의 감정은행 계좌에 입금이나 출금을 일으킬 수 있는 가장 쉽고 효과적인 방법이다.

2. 하겠다고 한 일은 꼭 한다. 이것은 추천을 부르는 최고의 습관 세 가지 중 하나지만, 실제로 그렇게 하는 사람은 많지 않다.

3. 어떤 일이 있어도 고객을 탓하지 않는다. 고객의 잘못인데도 당신이 그를 탓하지 않았다는 것을 고객이 알게 된 경우, 고객의 감정은행 계좌에 입금된 금액은 두 배가 될 것이다.

4. 주의 깊게 듣는다. 고객의 말을 주의 깊게 듣고 고객의 말을 확인 차원에서 반복해 주면 고객의 감정은행 계좌에 입금된 금액은 급속도로 올라갈 것이다. 왜냐하면 대부분의 사람들이 상대방의 말을 제대로 듣지 않기 때문이다.

5. 진심으로 대한다.

세상의 99퍼센트는
선한 사람들이다

★ 세상의 99%는 선한 사람들이다. 그러니 제발 나를 나머지 1%에 해당하는 사람으로 취급하지 말아 달라.

이번에는 쇼핑에 관한 이야기이다. 나는 쇼핑을 그다지 좋아하지 않아서 '한 번 쇼핑할 때 1년 동안 입을 옷을 모두 사 놓을 수 없을까?' 하는 생각을 가끔 한다. 몸에 잘 맞고 보기에도 좋은 옷을 발견하고서 같은 디자인의 옷을 검은색, 파란색, 갈색, 회색, 그리고 다른 여섯 가지 색상으로 구입하는 것만큼 내게 큰 즐거움을 주는 일은 세상에 없다.

최근에 나는 아주 유명한 옷가게에서 옷을 여러 벌 골라서 탈의실로 가져간 적이 있었다. 그러자 옷가게 직원이 이렇게 말했다.

"탈의실에 가지고 들어갈 수 있는 옷은 다섯 벌로 제한되어 있습니다."

그때 나는 그 네 배에 해당하는 옷을 들고 있었다. 모처럼 쇼핑에 흥이 나 있었던데다 겨울옷을 왕창 사서 비축할 생각이었던 것이다. 쇼핑을 다시 하지 않아도 될 정도로 이번에 모든 것을 해결하겠다는 의도도 있었다. 그래서 이렇게 물을 수밖에 없었다.

"왜요?"

그러자 "보안에 대한 조치입니다"라고 그녀가 말했다.

나는 그 말에 "죄송합니다만, 탈의실에 겨우 다섯 벌만 가지고 들어가서는 안전하다고 느껴질 것 같지 않은데요"라고 농담을 건넸다.

"손님, 그것은 가게에 대한 보안 조치입니다. 절도를 막기 위해서죠."

내 말에 그녀는 어처구니없는 말로 대꾸했다.

그 순간 연상 작용으로 내 잠재의식 속에서 '지금 누구한테 도둑이라고 말하는 거야?'라는 생각이 스친 것을 그녀는 모르고 있었다. 그러자 내 의식 속에서 '저 여자가 내가 도둑처럼 생겼다고 생각하지 않았으면 좋겠어'라는 생각이 스쳐 지나갔다. 그래서 나는 불쑥 이렇게 말했다.

"알겠습니다. 한 번에 다섯 벌씩만 입어 보도록 하죠."

하지만 나는 더 이상 쇼핑할 기분이 나지 않았다. 평소처럼 맘놓고 편하게 옷을 입을 수가 없었기 때문이었다. 탈의실에 걸린 거울을 보면서 스타킹을 머리에 뒤집어쓴 내 모습을 자꾸 상상하게 되어 마음이 편치 않았다.

예상했겠지만, 나는 그 가게에서 옷을 단 한 벌도 사지 않았다. 내가 처음에 고른 다섯 벌의 옷을 다 입어 보기도 전에 그 여직원은 다른 일이 생겨서 탈의실 밖으로 나가 버렸다.

나는 내게 그다지 도움이 되지 않는 그 옷가게와 사업상 연관이 있어서 종종 소식을 듣곤 하는데, 최근 들리는 소식에 따르면 그 회사는 지금 엄청나게 경쟁이 치열한 번화가에서 고군분투 중이라고 한다.

이것은 간단하다. 나는 도둑이 싫다. 내가 열심히 일해서 돈을 벌고 소득에 준하는 세금을 내고 물건을 살 때 다시 세금을 내며 카운터 앞에 줄을 서서 교과서에서 배운 대로 하고 있는 동안, 정당한 대가를 지불하지 않고 몰래 물건을 가져가는 사람들을 나는 혐오한다. 다른 사람들도 틀림없이 나처럼 생각할 것이다. 그러니 내가 조금이라도 의심받고 있다고 느끼게 하지 말아야 한다!

나는 고객으로서 신뢰받고 싶다. 신뢰는 인간에게 있어 가장 심오한 감정적 가치 중 하나이다. 누군가가 나를 신뢰해 줄 때 나는 기분이 좋아지고, 기분이 좋아져야 물건을 사게 된다. 그리고 장담하건대 내가 물건을 살 정도면 다른 사람들도 틀림없이 물건을 살 것이다.

고객에 대한 신뢰를 우선으로 하는 다른 조직의 예를 몇 가지 소개한다. 셀프 서비스 체크아웃 방식을 적용하면 비용이 절감된다. 하지만 그보다 더 중요한 것은 고객이 스스로 사용한 만큼 비용을 지불했는지를 꼼꼼히 점검하게 된다는 사실이다. 한 번이라도 이 방식으로 체크아웃 해 본 사람들은 알 것이다.

에든버러의 글래스 하우스 호텔. 이곳의 고객용 바는 '정직'을 신뢰한다. 고객들은 먹고 싶은 만큼 먹고 비치된 노트에 먹은 내용을 기입한 뒤, 다음날 비용을 지불한다. 계산 시 몇백 원이 부족한 고객에게 가게 직원은 이렇게 말한다.

"다음에 지나시다가 들러서 주세요"

그러면 고객은 금액이 아무리 적은 금액이어도 꼭 그 가게에 다시 들러 내지 못한 금액을 지불한다. 점원이 자신을 신뢰해 주었기 때문이다.

만일 당신이 "탈의실에 옷을 다섯 벌 이상 가지고 들어갈 수 없다"는 '방침'이 있는 회사에서 일하고 있다면 어떻게 해야 할까? 이 이야기의 처음에 등장했던 그 직원은 그 상황에서 어떻게 했어야 5 Star Service를 실천한 셈이 될까?

내가 지나가는 것을 보았을 때, 그 직원이 판매대 뒤에서 나와서 "제가 도와드리겠습니다" 라고 말한 뒤 내가 들고 있던 옷의 일부를 가져간다고 가정해 보자. 그리고 이렇게 덧붙이는 것이다. "좋은 옷을 많이 고르셨군요. 제가 손님이 쓰실 만한 탈의실을 찾아 드리겠습니다. 그런데 손님, 저희 탈의실이 좁은 편이라서 한 번에 네다섯 벌씩만 가지고 들어가시는 게 좋을 것 같은데요. 나머지는 제가 밖에서 들고 있겠습니다. 옷을 바꿔 입을 필요가 있으면 제게 말씀해 주십시오. 제가 문 앞에서 들고 있다가 바꿔 드리겠습니다."

그랬다면 아마 나는 들고 있던 옷을 모두 다 샀을 것이다! 나는 1%

에 해당하는 나쁜 사람 취급을 받고 싶지 않다. 물론 물건을 훔쳐가는 사람들 때문에 소매점들이 골머리를 앓는다는 사실은 잘 알고 있다. 하지만 그렇다고 해서 고객을 신뢰하지 않는다면 고객은 자존심에 상처를 입고 굉장히 기분 나쁠 것이다.

기분이 나쁜 사람들은 평소처럼 물건을 많이 사지 않는다. 그리고 친구들, 혹은 자신의 말에 귀를 기울여 주는 사람이라면 누구라도 붙들고 그 얘기를 할 것이다. 기분이 나쁜 사람은 절대로 물건을 많이 사지 않는다. 또한 상점에 우울한 분위기를 퍼뜨린다. 정말이다. 혹시 이렇게 말해도 무슨 말인지 감이 잘 오지 않는 사람을 위해 다시 한 번 말하자면, 기분이 나쁜 사람은 물건을 덜 산다. 평소보다 훨씬 덜 산다!

그러니 다음에 내가 당신에게서 무엇인가를 사게 된다면 부디 나를 신뢰하라! 나는 고객이다!

★ ★ ★ ★ ★ **실천사항**

스스로에게 물어볼 세 가지 질문

1. '회사 방침입니다'라고 자주 말하는가?
2. 그 말 대신 어떤 말을 할 수 있을까?
3. 어떤 경우에 자기도 모르게 사람들에게 불친절하게 대하게 되는가?

추천을 부르는 최고의 습관
세 가지를 실천하라

★ 1,000명의 고객을 대상으로 한 설문조사에서 특정 회사를 친구나 가족에게 추천할 때 어떤 사항을 염두에 두는지 물은 적이 있었다. 그리고 거기에는 회사의 담당 직원이 어떻게 행동했을 때 주위에 추천하게 되는지에 대한 질문도 있었다. 조사 결과 상위 1, 2, 3위를 차지한 대답은 다음과 같은 것이었다.

- 약속한 것을 반드시 실천하는 사람
- 시간을 지키는 사람
- 항상 '부탁합니다', '고맙습니다'라고 말하는 사람

첫 번째 대답은 아주 당연하다. 무엇인가를 하겠다고 약속했다면,

그것이 확실히 실행되도록 해야 한다. 예전에 상사 중 한 분이 이런 말을 한 적이 있다.

"약속은 최소한으로 하고 실천은 최대한으로 하라."

우리는 약속한 바를 정확히 지키면 된다. 간단히 말해, 하겠다고 한 것을 하면 된다. 사람들이 약속에 대해 선뜻 책임지려 하지 않는 것은 그 이유를 백만 가지는 동원할 수 있기 때문이다. 예를 들어, 부품 제조업자를 탓할 수도 있고 기술적 문제 때문이라고 할 수도 있으며, 동료 직원을 탓할 수도 있고 외부적인 요인이나 사내 방침 때문이라고 할 수도 있다.

하지만 최종적으로 5 Star Service를 창출하기 위해서는 상황이 아무리 어려워도 반드시 약속을 지켜야 한다. 이 책을 직접 구입했든 혹은 선물로 받았든, 자신이 이 책에서 과연 무엇을 얻을 수 있을지 그리고 이 책을 읽고 나서 자신이 속한 회사를 어떻게 변화시킬 수 있을지 한번 생각해 보기 바란다. 그렇게 함으로써 당신은 5 Star Service를 꾸준히 그리고 지속적으로 제공할 수 있을 것이다.

두 번째 대답인 '시간을 지키는 사람'은 우리가 어떤 일을 언제까지 해 주겠다고 약속한다면 그 일을 반드시 그 시간 내에 해야 한다는 것을 일깨워 준다. 우리는 바쁘다는 것이 시간 약속을 지키지 못하는 좋은 핑계가 될 수 있다고 종종 생각한다. 하지만 오히려 그 이유 때문에, 즉 사람들이 모두 너무 바쁘기 때문에 반드시 시간을 지켜야 하는 것이다.

필자의 친구인 제레미 테일러는 '제스 타임'이라는 자신의 시간 원칙에 맞추어 생활한다. 그 친구는 번창하는 사업 때문에 굉장히 바쁘지만 어떤 만남이나 약속에도 늦는 법이 없다. 그는 도로가 늘 막힌다는 사실과 대부분의 일이 계획했던 것보다 시간이 더 걸리기 마련이라는 사실을 잘 알고 있다. 하지만 계획을 잘 세운다면 많은 업무를 모두 처리하고 집에 일찍 들어가서 가족들과 편안한 시간을 보낼 수 있다는 사실도 잘 알고 있다.

그는 이렇게 한다. 약속 시간이 10시라면 약속 장소에 9시 30분쯤 도착한다. 그는 약속 장소 근처에서 20분 동안 책이나 신문을 읽으면서 시간을 보내다가 약속 장소에 10분 먼저 도착하는 편이, 10분 늦게 도착해서 미안하다고 말하면서 '꽉 막힌 도로'와 '주차공간의 부족'과 '바로 전의 미팅이 늦게 끝난 것'에 대한 푸념을 늘어놓는 것보다 낫다고 생각한다. 그렇게 행동한 결과, 그는 많은 사람들에게서 추천을 받고 있다.

추천을 부르는 세 번째 습관은 조금 곤혹스러울 수도 있다. 설문조사 결과, 굉장히 구체적인 지적이기 때문이다. 세 번째 습관을 지키려면 일단 예의를 지켜야 할 뿐만 아니라 언행에 조심해야 한다. 이 조항을 읽은 후부터 나는 내가 '부탁합니다'와 '고맙습니다'는 말을 잊지 않고 하는지 유념하게 되었다. 그리고 가족들과 팀원들에게 내가 그 말을 해야 할 때 하지 않으면 지적해 달라고 부탁했다.

그 결과는 충격적이었다. 나는 스스로 굉장히 예의 바른 사람이라고 생각하고 있었는데 결과는 그렇지 않았던 것이다. 자신이 '부탁합니다' 혹은 '고맙습니다'는 간단한 말을 얼마나 자주 잊어버리고 넘어가는지 깨닫고 싶다면 잠깐 멈추어 서서 자신의 말과 행동을 관찰해 보기 바란다.

이제 과제를 하나 내겠다. 지금부터 48시간 동안, 다른 사람들을 대할 때 자신이 얼마나 자주 '부탁합니다'와 '고맙습니다'라고 하는지 아니면 얼마나 자주 빼먹는지 측정해 보라. 내가 했던 것처럼 주위의 가까운 친구나 가족 또는 직장 동료들에게 자신이 이 두 가지 말을 빼먹고 지나가는 경우에 지적해 달라고 부탁하는 것도 좋은 방법이다.

커다란 변화를 불러오는 것들은 이처럼 작고 사소한 것들이다.

★ ★ ★ ★ ★　**실천사항**

약속한 것은 지킨다. 적극적으로 책임지고 고객의 요청에 답한다. 해 주겠다고 약속했으면, 그 일을 반드시 행하도록 한다.

'제스 타임'을 생활에 적용해서 늘 약속 장소에 먼저 도착하도록 일정을 잡고 노력한다. 약속 시간보다 먼저 도착하면 남은 시간 동안 많은 일을 할 수 있다. 하지만 늦어서 허겁지겁 뛰어가면 늦은 이유를 변명하면서 당혹스러운 30분을 보내야 한다.

자신이 '부탁합니다' 혹은 '고맙습니다'는 말을 빼먹고 지나가는 경우에 정중히 지적해 달라고 친구나 직장 동료들에게 부탁한다. 부탁할 때는 진지한 태도를 보여야 한다.

성과를 거둘 때마다
종을 울려라

★ 회사 내에서 5 Star Service를 퍼뜨리고 실행할 수 있는 간단하면서도 효과적인 방법이 한 가지 있다. 필요한 준비물은 책상에 올려놓을 종 한 개면 된다. 그 방법이란, 동료 중 누군가가 훌륭한 고객 서비스를 했거나 축하해 줄 만한 성과를 거두었을 때 종을 울려서 알리도록 서로 장려하는 것이다.

우리는 여러 해 동안 이 방법을 권장해 왔는데, 이를 전수받은 회사들은 이것이 일 처리 방식에 있어 주된 특징이 되어 버렸다. 이 방법이 발전할 수 있었던 이유는 사람들이 서로 성공을 공유할 수 있는 분위기가 만들어졌기 때문이었다.

내가 제휴를 맺은 회사에서 일하던 어느 날이었다. 그 회사의 영업부 직원이 1천만 달러 상당의 계약을 수주했다는 소식을 가지고 회사에 돌아와서 팀장에게 이메일로 그 소식을 보고했다. 그러자 다음날 팀장은 '수고 많이 했다'는 답장을 보내면서 그 직원에게 6주 후에 축하파티를 열어 주겠다고 했다. 그때 나는 생각했다.

'이런 축하 파티는 많이 보았어. 물론 굉장히 신나고 동기부여도 많이 되지. 하지만 파티 없는 다른 360여 일은 어떻게 해야 하는 거지? 파티가 없는 날에도 성공을 축하해 줄 수 있는 방법이 없을까?'

나는 여러 해 동안 책상 위에 종을 올려놓고 팀원들이 성과를 거둘 때마다 종을 울렸지만 그것을 형식으로 정하지는 않았었다. 그다음 주에 나는 그 회사에 종을 주면서 어떤 경우에 종을 울려야 하는지 몇 가지 규칙을 정해 주었다. 그 규칙에 따르면 대부분의 사람들이 하루에 한 번 정도 종을 울릴 수 있었다.

그러자 정말 근사한 일이 벌어졌다. 직원 중 한 명이 수줍은 표정으로 종이 놓여 있는 책상으로 가더니 종을 울린 것이다. 그러자 동료 직원 서너 명이 환호하면서 "무슨 일이에요?"라고 물었다. 이런 질문이야말로 이 방법을 효과적으로 만들어 주는 핵심이다. 종을 울린 직원은 15초 정도의 짧은 시간 동안, 고객이 경쟁사로 가려는 것을 막은 경위와 그렇게 해서 회사에 수천 파운드의 이익을 올렸다는 이야기를 들려주었다.

그녀는 자신이 잘해 낸 일에 대해 이야기했다.
그녀는 동료들에게 인정받았다.
그녀는 사무실 내에 좋은 분위기를 형성했다.

이런 광경을 상상해 보라. 당신이 칸막이가 거의 없는 사무실에서 열다섯 명의 팀원들과 함께 일하고 있는데, 모든 책상 한가운데에 종이 놓여 있고 그 종들이 당신의 성공을 축하하기 위해 일제히 울린다. 이런 광경을 연출하기 위해서는 먼저,

1. 어떤 경우에 종을 울릴 수 있는지 그 기준을 정한다.
2. 누군가 종을 울리면 모든 사람이 축하해 주기로 약속한다. 작은 환호성이라도 외치는 것이 무거운 침묵보다 낫다.
3. 좋은 방안을 계속해서 생각해 낸다.

이처럼 성공을 축하하고 장려하기 위해 종을 울리면 비밀스런 보너스가 하나씩 따라온다. 최근 며칠 동안 동료들은 모두 한 번씩 종을 울렸는데 당신만 울리지 못했다면 기분이 어떻겠는가? 나도 뭔가를 해서 빨리 종을 울려야겠다는 생각에 더욱 분발하지 않겠는가?

이렇게 하면 모든 사람들이 정기적으로 종을 울리려고 열심히 노력할 것이다. 모든 종소리에 뭔가 성과를 올리겠다는 강력한 동기부여가 숨어 있게 되는 것이다!

★ ★ ★ ★ ★ 실천사항

종을 울리기 위해 실천해야 할 다섯 단계를 소개한다. 회사가 에너지로 넘쳐날 것이다.

1. 종을 산다. 여러 개의 종을 사도 좋다. 만일 종을 파는 가게가 어딘지 모르겠다면 인터넷을 검색하거나 쇼핑몰을 참조하기 바란다.
2. 구입한 종을 잘 보이는 곳에 놓아둔다.
3. 어떤 경우에 종을 울릴 수 있는지 규칙을 정한다. 물론 예외적으로 축하할 일이 생기면 이 규칙을 깨도 좋다.
4. 성공적인 일화를 들을 때마다 "어떤 이야기로 종을 울렸나요?"라고 물어서 사람들에게 종 울리기를 장려한다. 새로운 규칙이 정착되기까지는 시간이 걸리는 법이다.
5. 사람들에게 최고의 성공 일화를 말하게 하고, 그중에서 뛰어난 일화를 골라내 5 Star Service 일지에 기록한다.

♥ 작은 감동

고객사 중 한 회사는 훌륭한 성과를 거둔 사람에게 울려 주기 위해 커다란 종을 사서 회사의 궂은 일을 도맡아서 하는 관리부서의 바로 옆에 걸어 놓았다. 회사의 수입을 올려 주는 사람이 누구인지 알리기 위한 조치였다.

고객은 항상 옳다?
그렇지 않다!

★ '고객은 항상 옳다'라는 오랜 격언이 있다. 과연 이 말이 사실일까? 답은 '그렇지 않다'이다. 고객은 말을 잘못 이해하고 엉뚱한 말을 하기 일쑤이며, 때때로 이로 인해 당신과 당신 회사가 손해를 보기도 한다. 따라서 고객이 옳지 않은 말을 하는 경우에 적절히 대처할 수 있는 방법들을 알고 있어야 한다.

대학생인 아들은 주말과 휴일에 한 유명 소매점에서 일했는데, 이 소매점은 구입한 제품이 마음에 들지 않으면 16일 이내에 환불해 주는 제도를 시행하고 있었다. 우리는 16일 이후에 물건을 환불해 달라고 찾아오는 고객들에 대해서 많은 토론을 했다. 이들은 제품에 이상이 있어서가 아니라 단지 마음이 변했기 때문에 환불을 요구했고, 그럼에도 16일 이전에 제품을 가져오지 않았다.

그렇다면 광고에 나간 16일이라는 기한을 못 본 척하고 17, 18, 19일 이후에도 고객에게 환불을 해주는 것이 5 Star Service일까? 나는 그렇게 생각하지 않는다. 그 회사는 16일 이내에만 환불해 준다고 확실히 못을 박았고, 그 약속을 잘 지키고 있었다. 하지만 이런 경우, 16일이 지났기 때문에 환불해 줄 수 없다는 말을 고객에게 어떤 식으로 할지가 대단히 중요한 문제가 된다. 고객들은 "회사 방침입니다"라거나 "제가 만든 규정이 아닙니다"와 같은 말을 듣고 싶어 하지 않는다.

하지만 어쨌든 고객들에게 회사 방침이 있다는 사실을 알려 줄 필요는 있다. 때때로 그런 상황을 이용해서 이익을 취하려는 고객들이 있는데, 그런 고객들은 요구사항을 받아주면 받아줄수록 더 많은 것을 요구한다. 이런 격언을 들어 본 적이 있는가.

"손가락을 주면 손을 달라고 하고, 손을 주면 팔을 달라고 하고, 팔을 주고 나면 몸 전체를 달라고 할 것이다."

그러면 어떻게 해야 고객들에게 만만하게 보이지 않으면서도 고객들이 최고의 서비스를 받고 있다고 느끼게 할 수 있을까?

이것은 고객을 대할 때 확신과 믿음에 찬 목소리로, 분명하면서도 서로 공감하면서 대화할 수 있는지와 관계가 있다. 혹시 학창시절을 떠올리기만 해도 벌벌 떨 정도로 무서운 선생님이 있는가? 그 선생님이 수요일 아침까지 숙제를 해 오라고 하면 두려움 때문에 열심히 숙제를 해 갔을 것이다. 아마 당신은 그 선생님을 좋아하지는 않았겠지만, 그 선생님이 시키는 대로 했을 것이다.

그런가 하면 제때 숙제를 해 오지 않아도 그다지 혼내지 않는 선생님도 있었을 것이다. 당신은 분명히 그 선생님을 좋아했을 것이다. 물론 드물긴 하지만 수요일 아침까지 숙제를 해 오라고 하면, 숙제를 해 가면서도 좋아했던 선생님도 한두 명쯤 있었을 것이다.

당신을 지시대로 따르는 학생으로 만들면서도 여전히 좋은 감정을 갖게 한 선생님들에게는 어떤 특성이 있었는가? 그 선생님들에게는 자신들이 하는 일에 대한 믿음이 있었고, 이것이 자연스럽게 태도에 반영되었을 것이다.

따라서 고객이 그다지 듣고 싶어 하지 않을 만한 내용을 전달해야 하는 경우에는 자신이 말하려는 내용에 먼저 확신을 가지고 공손하지만 단호한 태도로 이를 행해야 한다. 그래도 고객이 그 내용을 받아들이려 하지 않는다면 이 책의 '가장 좋은 고객은 까다로운 고객이다'를 훑어보기 바란다.

자신감과 거만함에는 엄연히 차이가 있다. 사람들은 자신감에 차 있을 때 특정한 태도를 가지게 되고 대부분의 경우에 이 태도는 매력적으로 보인다. 사람들은 자신감 있는 사람을 좋아하고, 이들이 자신을 이끌어주기를 바란다. 거만함과 자신감은 단지 종이 한 장 차이에 불과하지만 거만함은 사람들을 멀어지게 한다.

문제는 사람들이 자신감이 있는 것처럼 보이려고 '노력'할 때 잘못하면 거만하게 비치기 쉽다는 점이다. 여기서 중요한 말은 '노력'이다. 자신감은 억지로 얻어지는 것이 아니라 일을 하면서 자연스럽게 흘러나와야 한다. 그렇다면 어떻게 해야 자신감이 생길까?

우선 자신이 하는 일에 대해 잘 알아야 한다. 그러기 위해서는 두 가지를 해야 한다. 한 가지는 열심히 공부하는 것이고, 또 한 가지는 공부한 바를 실천에 옮기는 것이다. 자신이 일을 처리하는 방식이나 생산하는 제품 또는 이용하는 기술과 시스템에 대해 전문적인 지식을 갖게 될 때 자신감은 저절로 생겨난다.

하지만 정말 큰 자신감은 지식을 실천에 옮길 때 생긴다. 도구나 기술은 많이 써볼수록 사용하기가 쉬워지고, 사용하기 쉬워지면 자신감이 더 커지며, 자신감이 커지면 무엇이든 할 수 있다고 생각하게 된다. 때로는 지금 당장 이 모든 일을 실행한다는 것이 매우 힘들다고 여겨질 것이다. 하지만 다행히 이를 실행하는 쉬운 방법이 있다.

다음 꼭지에서는 지금껏 내가 배웠던 말 중에 가장 강력한 힘을 가진 세 가지 단어, 당신에게 보다 쉬운 방법을 알려 줄 세 단어를 다룰 것이다. 당신이 이 세 가지 단어를 올바르게 사용한다면 거의 모든 위기를 헤쳐 나갈 수 있으며 고객의 공감대도 이끌어 낼 수 있을 것이다. 마법과도 같은 힘을 가진 세 단어는 바로 이것이다.

느끼다 (Feel)

느꼈다 (Felt)

깨달았다 (Found)

고객의 말에
맞장구를 쳐라

★ 느끼다(Feel)

★ 느꼈다(Felt)

★ 깨달았다(Found)

이 마법의 세 단어에는 내가 지금까지 들었던 그 어떤 말보다도 공감을 이끌어 내는 탁월한 기술들이 들어 있다. 이 단어들은 효과가 크고 기억하기도 쉽다. 이 단어를 사용함으로써 당신은 도저히 해결할 수 없을 것 같은 상황을 슬기롭게 헤쳐 나갈 수 있고, 침착함을 유지할 수 있으며, 고객들의 공감을 이끌어 낼 수 있다. 그 이유는 다음과 같다.

한 고객이 당신의 힘으로는 아무것도 해 줄 수 없는 일에 대해 불

평을 늘어놓고 있다고 가정해 보자. 당신은 아마도 이렇게 말할 것
이다. "회사의 방침이기 때문에 제가 어떻게 해 드릴 수가 없습니다.
죄송합니다"라고 말이다. 하지만 "회사 방침입니다"라는 말로 말문
을 여는 것은 고객을 화나게 하는 가장 손쉬운 방법이다. '느끼다',
'느꼈다', '깨달았다'는 말이 중요한 것은 바로 그 때문이다.

우선 '느끼다'라는 말부터 생각해 보자. 자신의 느낌을 이해해 주
는 사람을 누가 좋아하지 않을 수 있을까? 느끼는 것은 고객의 입장
이 되어서 고객과 공감할 수 있는 가장 빠른 방법이다. '느끼다'라는
말을 넣어서 활용할 수 있는 문장에는 "그렇게 느끼신다니 죄송합니
다" 또는 "어떻게 느끼실지 이해합니다"가 있다.

이번에는 '느꼈다'라는 말을 생각해 보자. 이 말은 두 가지 역할을
하기 때문에 강력한 힘이 있다. '느꼈다'라는 말을 통해서 당신은 이
런 상황을 과거의 다른 사례들과 비교하고 있다는 사실과, 전에도
이런 상황을 경험한 적이 있는 사실을 고객에게 보여 줄 수 있다.

그러면 마지막으로 '깨닫다'는 말을 살펴보자. '깨닫다'는 말은 전
문적인 느낌을 준다. 사람들이 무엇인가를 '깨달았다'고 말하는 것
은 대개 많은 일을 하거나 오랜 연구를 한 후에 그 결과로 특정 사실
이나 해결책 또는 정답을 얻었음을 의미한다. 당신은 고객에게 자신
이 깨달은 바를 알려 주면서 자신의 전문적인 지식을 보여 줄 수 있
고, 동시에 고객의 감정에 공감할 수 있다. 근사하지 않은가?

'느끼다', '느꼈다', '깨달았다'는 말을 사용하면 당신은 고객과 당신
사이에 놓인 장벽을 깨뜨리고 고객과 공감대를 형성할 수 있다. 다

음은 이런 말들이 실제 상황에서 어떻게 쓰일 수 있는지를 보여 주는 몇 가지 예이다.

고객: 배달되는 데 2주나 걸린다고요? 말도 안 돼요.

당신: 어떤 느낌이실지 이해합니다. 2주는 긴 시간이죠. 이 회사에서 일하기 전이었다면 저도 2주는 너무 길다고 생각했을 겁니다. 하지만 고객님께 제가 깨달은 한 가지 사실을 알려드리고 싶네요. 저희는 모든 제품을 제조업자에게 직접 주문하기 때문에 늘 고객님들께 최신 모델을 제공해 드릴 수 있습니다. 그 사실을 알게 된 후에 저는 제품을 대량으로 들여 온다면 고객님들께 최신 모델을 이렇게 저렴한 가격에 드릴 수 없을 것이라는 사실을 깨달았습니다. 또한 대부분의 고객님들이 조금 늦게 받더라도 최신 모델을 저렴한 가격에 구입하는 쪽을 선호하신다는 사실도 깨달았습니다.

고객: 지금 똑같은 문제로 세 번째 전화하는 건데요, 전화할 때마다 다른 사람이 받아서 같은 애기를 몇 번씩 하게 하네요.

당신: 답답하셨겠네요. 어떤 느낌이실지 알 것 같습니다. 같은 이야기를 세 번씩 반복해야 한다면 저라도 그렇게 느꼈을 거예요. 제가 고객님께 자세한 애기를 직접 들었다면 상황을 확실하게 파악하고 문제를 신속하게 처리해 드렸을 텐데, 컴퓨터 화면에 적힌 메모로만 상황을 전해 들어서 그렇게 해 드리지 못했

네요.

이제 마지막으로, 앞 장에서 나왔던 문제를 살펴보자. 정해진 기간인 16일이 지났는데도 고객이 제품을 가지고 와서 환불해 달라고 한다면, 그리고 제품에 아무 이상이 없다면 당신은 어떻게 해야 할까?

고객 : 이거 환불해 주세요.

당신 : 대단히 죄송합니다만, 구입한 지 16일이 지난 제품은 환불해 드릴 수가 없습니다.

고객 : 너무하네요. 오늘이 물건을 산 지 18일째인데, 하루 이틀 차이가 그렇게 중요한가요?

당신 : 어떤 느낌이실지 압니다. 손님처럼 느끼시는 다른 손님들도 계셨고요. 하지만 저희는 '16일 만족 보장제'가 이 일대의 다른 가게에서는 좀처럼 찾아보기 힘든 파격적인 고객 서비스 제도라는 사실을 깨달았습니다. 대부분의 고객님들이 이 서비스를 좋아하시고, 제품이 만족스럽지 않은 경우에는 16일 이내에 환불을 받으러 오십시오.

이렇게 한다고 해서 과연 효과가 있을지 확신이 들지 않는가? 당신이 왜 그렇게 느끼는지는 나도 이해한다. 사실 이 말들을 사용해 보기 전에는 나도 그렇게 느꼈다. 하지만 이 말들을 사용해 보고 난 뒤, 나는 이 말들이 굉장히 효과적이라는 사실을 깨달았다!

마음속에서 우러나오는
웃음을 전하라

★ 사람은 생후 3, 4주만 지나면 기쁠 때 웃는다. 그리고 인생을 사는 내내, 죽는 날까지 그렇게 한다. 심지어는 웃으면서 죽음을 맞고 싶다고 말하는 사람들도 있다.

주위를 돌아보자. 웃는 것이 그토록 중요한데, 왜 많은 사람들이 웃고 있지 않는 것일까? 거리를 걸을 때 얼마나 많은 사람들이 웃고 있는지 한번 살펴보라. 웃고 있는 사람들이 극소수에 불과하다는 사실을 깨닫게 된다고 해도 결코 놀라운 일이 아니다. 하물며 좋은 소식이 있을 때조차도 사람들은 잘 웃지 않는다.

물질과 속도와 편리함이 모든 것을 지배하고 대중매체가 인식을 지배하는 이 고도의 경쟁시대에, 우리가 할 수 있는 단 한 가지 순수한 일이 있다면 그것은 진심으로 웃는 것이다.

웃음에는 무한한 가치가 있다. 마음에서 우러나오는 진정한 웃음은 한 사람을 고양시키고, 그 사람이 세상을 느끼는 방식을 완전히 바꾸어 놓을 수 있다. 웃음은 사람의 생리와 직접 연결되어 있다. 다시 말해서 웃으면 신경체계 전체가 영향을 받게 되며, 웃을 때 사람의 몸은 웃지 않을 때와 다르게 반응한다.

아마 당신은 웃을 때 열일곱 가지의 근육을 사용하게 되고, 찡그릴 때 마흔세 가지의 근육을 사용하게 된다는 말을 들어 본 적이 있을 것이다. 사실을 말하자면 웃을 때는 열두 가지의 근육을, 찡그릴 때는 열한 가지의 근육을 사용하게 된다. 여기서 잠깐, 웃을 때와 찡그릴 때 얼굴의 어떤 근육들이 움직이는지 살펴보자.

광대뼈(진짜) 웃음 시 움직이는 근육: 대소관골근 넷, 안륜근 둘, 입술 끝부분인 구각을 위로 올라가게 하는 구각거근 둘, 입꼬리를 옆으로 당기는 소근 둘, 그 외의 기타 근육 둘, 총 열두 가지.

찡그릴 때 움직이는 근육: 안륜근 둘, 광경근 둘, 눈썹을 찡그릴 때 필요한 주름근 둘, 비근근 하나, 구륜근 하나, 턱끝근 하나, 마지막으로 입꼬리를 아래로 당기는 입꼬리 내림근 둘, 총 열한 가지.

알고 보면 찡그릴 때 들어가는 근육의 가짓수가 더 적지만, 단지 하나 차이에 불과하니 찡그리고 싶은 유혹이 들어도 참자!

이런 해부학적 분석이 없더라도, 대부분의 사람들은 웃는 얼굴을

더 좋아하지 않는가? 고객 서비스 전문가인 나에게도 웃는 법을 배우는 시간이 그 어떤 시간보다도 중요했다.

영화 〈내 생애 최고의 데이트(Win a Date with Tad Hamilton, 2004)〉에서 여주인공인 로잘리의 소꿉놀이 친구 피터는 어릴 때부터 남몰래 로잘리를 사랑하기 시작하여 평생 동안 그녀를 사랑한다. 그는 로잘리를 너무 사랑한 나머지 어느 순간 그녀의 '여섯 가지 웃음'을 구분할 수 있게 된다. 노골적인 농담 때문에 웃는 웃음, 예의상 웃을 때의 웃음, 뭔가를 계획할 때의 웃음, 자조적인 웃음, 불편한 상황에서의 웃음, 그리고 한 가지는 친구들에 대해 이야기할 때의 웃음을 구분한 것이다.

고객들을 대할 때 당신이 짓는 웃음은 이 여섯 가지 웃음 중 어떤 것인가? 당신은 고객이 문을 열고 들어올 때, 고객과 통화할 때, 고객에게 제품을 설명할 때 웃을 것이다. 고객의 이야기를 들을 때도 웃을 것이며, 고객이 거래해 준 데 감사를 표할 때도 웃을 것이다. 그리고 추천서를 써 달라고 말할 때도 웃을 것이다.

나는 이때까지 언제나 웃고 있지만, 그 웃음이 너무 가식적이어서 도무지 신뢰가 가지 않는 사람을 많이 보았다. 그런 사람이 되지 않기 위해서는 마음에서 우러나오는 진정한 웃음을 지어야 한다.

그렇다면 진정 행복할 때 나오는 웃음은 어떤 것일까? 누군가가 정말 행복해서 웃을 때, 우리는 그 사람의 눈을 보고 그것을 느낄 수 있다. 웃음을 연습하는 가장 좋은 방법은 진정으로 웃음 지을 만한 일을 찾는 것이다.

행복한 일을 생각하고 마음속으로 웃음을 지으면서 그 웃음을 밖으로 드러내 보라. 가까이에 거울이 있다면, 정말 즐거워서 웃을 때 자신이 어떤 표정을 짓는지를 거울로 확인해 보라. 자신이 언제 어떤 웃음을 짓는지 인식하고, 밖으로 드러내어 웃을 만한 일을 발견하는 연습을 한다면, 정말 즐거워서 웃는 일이 매일 조금씩 쉬워질 것이다.

첫인상을 결정하는 데는
단 한 번의 기회밖에 없다

★ 많은 여자들이 남자를 볼 때 제일 먼저 보는 것은 신발이다. 그 잠깐 동안의 인상을 위해 많은 남자들이 신발을 닦는 데 공을 들인다. 내가 아는 한 여자는 식당에서 식사를 마치고 나온 후에 옷을 사려다가 판매사원의 신발이 더러운 것을 보고 그만두기도 했다.

반면에 대부분의 남자들이 여자를 볼 때 제일 먼저 보는 것은 미소이다. 남자들은 대개 웃는 여자를 좋아한다. 육감적으로 웃는 여자가 아니라 친근하게 웃는 여자를. 남자들이 여자의 신발에 시선을 주는 일은 아마 거의 없을 것이다. 대신 남자들은 웃는 여성을 찾아다닌다.

그렇다고 해서 남자들이 웃지 않아도 된다거나 여자들이 신발을 더럽게 하고 다녀도 상관없다는 뜻은 아니다. 사실 웃는 것은 모든 행동 지침 중 가장 중요한 지침이다.

> 웃음은 두 사람 사이의 가장 가까운 거리이다.
>
> —아논

　신발이나 웃음 외에도 입을 열어 말하기 전에 우리의 인상을 결정하는 여러 가지 요소들이 있다.

　팀 프라이스는 통신회사인 이그제큐텔을 성공적으로 운영하고 있다. 팀은 영업하는 사람들을 만나는 것을 좋아하는 편인데, 그들을 만날 때마다 그들이 첫인상에 얼마나 신경을 쓰지 않는지를 발견하고 깜짝 놀라곤 한다. 다음은 팀이 정리한 '첫 만남에서 하지 말아야 할 다섯 가지 행동'이다.

1. **토요일 밤에 놀러 나갈 때 입는 옷을 일할 때 입는 것.** 기본적으로 팀은 일할 때 유행을 좇는 복장을 하지 말라고 권한다. 거금을 들여 산 티셔츠를 입고 토요일 밤에 나이트 클럽에서 멋지게 보이는 것은 좋지만, 일할 때는 튀지 않는 보편적인 옷을 입어야 한다는 것이다. 고객에게 거부감을 줄 만한 일은 아무리 작은 것이라도 피해야 한다.

2. **색깔 있는 양말.** 팀이 큰 규모의 계약을 성사시키기 위해 찾아온 '거물급' 영업 담당 이사에 대한 이야기를 해주었을 때 나는

옆구리가 아프도록 웃었다. 대화를 나눈 지 1분 후 그 영업 이사가 다리를 꼬았는데, 그 순간 〈호머 심슨(만화영화 심슨네 가족들의 주인공)〉이 그려진 양말이 드러났다는 것이다. 고전으로 남을 법한 이야기 아닌가.

3. **머리에 젤을 너무 많이 바르거나 튀는 머리 모양을 하는 것.** 역시 '토요일 밤 복장 vs 일할 때의 복장'과 같은 맥락이다. 이런 실수를 저지르는 것은 대부분 젊은 사람들이다.

4. **나쁜 자세.** 앞으로 꾸부정하게 기울이거나 옆으로 기대는 것, 팔꿈치를 괴고 있는 것과 같은 자세는 아마 팀과 다른 사람들의 마음을 닫아 버릴 것이다.

5. **나쁜 입 냄새나 체취.** 굳이 말할 필요도 없겠지만, 식후 박하사탕으로 입 냄새를 제거하고, 샤워를 자주 하고, 방취제를 뿌리는 것은 매우 중요하다.

이번에는 내가 정리해본 '첫 만남에서 지워지지 않는 오점을 남기는 세 가지'이다.

1. **힘없는 악수.** 자신감 있는 힘찬 악수는 필수 덕목이다. 이것의 중요성은 학교 때부터 가르쳐야 한다.

2. **지각**

3. **고객에게 미리 양해를 구하지도 않고 기다리게 하는 것**

당신은 첫 만남에서 해야 할 일과 하지 말아야 할 일에 어떤 것이 있다고 생각하는가? 해야 할 일 열 가지와 하지 말아야 할 일 열 가지를 작성해 보고, 그것을 실천에 옮기기 바란다.

고객은 당신의
문제에 관심이 없다

★ 우리 동네에 새로운 식당이 문을 열었다. 식당 측은 식당의 실내 장식과 인테리어, 식당의 주변 환경에 대해 대대적으로 홍보하기 시작했다. 앞으로 이 동네에서 외식하기에 최적의 장소가 될 것이며, 시내에서도 많은 손님들이 오게 될 것이라는 내용이었다. 집 가까이에 이렇게 좋은 식당이 문을 연다니 환영할 만한 일이었다.

새로 생긴 식당이 안정적으로 자리 잡기까지는 대개 1~2주가량이 걸린다는 것을 알기 때문에, 우리는 개점일에서 한 달 정도 지난 후로 예약을 했다. 그리고 마침내 예약한 날짜가 다가왔을 때 설레는 마음으로 식당에 갔다.

식당의 실내 장식은 굉장히 근사했다. 하지만 그날의 저녁 식사는 완전히 엉망이었다. 따뜻함에도 불구하고 굉장히 비싼 백포도주, 형편없음에도 굉장히 비싼 음식, 고객 서비스 교육을 좀 더 받아야 할 것 같은 직원들, 한마디로 형편없었다.

식사가 끝나갈 무렵, 우리는 가까운 테이블에 친한 이웃이 앉아 있는 것을 보고 합석을 했다. 그리고 한 잔 더 하게 되었는데, 그들도 식당의 서비스에 대해 우리와 비슷한 생각을 하고 있음을 확인할 수 있었다. 그러고 나서 운이 좋게도 식당의 여자 사장이 우리 테이블로 와서 저녁 식사가 어땠는지 물었다.

이럴 때 어떻게 대답할지 결정하는 것은 정말 어려운 일이다. 상대방의 기분을 고려해서 좋았다고 말해야 할까, 아니면 사실대로 말해야 할까?

우리는 사실대로 말하는 쪽을 택했다. 그녀는 우리의 이야기에 귀를 기울이면서 고개를 끄덕이더니, 우리가 말한 내용을 이해하면서 얘기해 주어서 고맙다고 했다. 그리고 다음에 한 번 더 방문해 주시면 더 좋은 서비스로 모시겠다고 말했다. 우리는 그런 이야기를 들으니 기분이 좋았다.

그런데 식당에서 나오면서 식당의 남자 사장과 마주쳤다. 다시 한 번, 우리는 저녁 식사가 어땠느냐는 질문을 받았다. 우리는 여자 사장에게 방금 모든 이야기를 했으니 그녀와 이야기해 보라고 했다. 하지만 남자 사장은 지금 이 자리에서 자기에게 다시 한번 자세하게 이야기를 해 달라고 졸랐다.

그는 우리 이야기를 듣고 고개를 설레설레 젓더니, 식당을 차리면서 있었던 수많은 문제점들에 대해서 장황하게 늘어놓기 시작했다. 그는 와인 도매상에 대해 불평하고, 10대의 젊은 직원들을 탓하더니, 한 술 더 떠서 부엌 사정에 대한 얘기까지 했다. 주방장 두 명이 나갔는데 그중에서 한 명은 밸런타인데이에 불쑥 나가버렸다는 것이었다.

나는 그의 문제에 전혀 관심이 없었다. 내 관심은 오로지 앞으로 식당의 서비스가 어떻게 개선될지에 있었다. 그 순간은 우리에게 빈약한 서비스에 대해서 사과하고 앞으로 서비스를 개선하겠다는 의지를 보여 주면서, 그가 우리를 '감동'시킬 수 있도록 다시 한 번 식당을 방문해 달라고 말할 수 있는 절호의 기회였다.

그렇게 했다면 우리는 단골 고객이 될 수도 있었다. 그는 우리의 감정은행 계좌에 큰 액수를 입금할 수 있었지만, 그렇게 하는 대신 출금을 해 버렸다. 그 후 우리는 가까운 수백 개의 식당 중 몇 개를 골라서 방문했고, 다시는 그 식당에 가지 않았다.

그렇다면 그 식당 주인은 그때 우리에게 어떻게 했어야 할까? 다음에 나오는 고객에게 '하지 말아야 할 말과 행동'과 '해야 할 말과 행동' 목록을 참조하기 바란다.

하지 말아야 할 말과 행동

- 저희 기계가 고장 났습니다.
- 저희도 노력해봤지만~
- 내부 인력 충당에 어려움을 겪고 있습니다.

- 너무 바빠서요.

- ~때문에 안 됩니다.

- 저희 정책상~

- 저희 규정상~

해야 할 말과 행동

- 그런 말씀을 들려주셔서 감사합니다.

- 고객들께서 해 주시는 말씀에서 많이 배웁니다.

- 말씀해 주신 대로 하면 저희 서비스가 한층 더 나아지겠네요.

- 보상 차원에서 ~해 드리고 싶습니다.

- 해당 직원에게 고객님의 불편사항을 전달해서 다시는 그런 일이 없도록 하겠습니다.

- 고객님의 신뢰를 되찾기 위해 저희가 지금 당장 해 드릴 수 있는 일이 있으면 알려 주시기 바랍니다.

이처럼 고객을 대할 때 중요한 것이 있다. 고객을 이해시키려 하지 말고 고객을 이해하라는 것이다. 고객에게 그간의 사정을 말해서 이해를 구하지 말라. 고객은 당신의 문제에 전혀 관심이 없다. 단지 자신의 문제에 관심이 있을 뿐이다.

다양한 경쟁을
준비하고 즐겨라

★ 얼마 전에 칫솔을 새로 샀는데, 새로 산 칫솔과 지난 몇 주 동안 사용했던 칫솔을 비교해 본 후에야 그동안 사용했던 칫솔이 얼마나 낡았는지 깨달았다.

그리고 그날 오후에 차에 갈아 낄 타이어 두 개를 새로 샀는데, 차에서 타이어를 빼내어 새 타이어 옆에 놓고 보니 그제야 쓰던 타이어가 얼마나 낡았는지 깨달을 수 있었다.

그날 밤, 나는 차고에서 전동 드라이버를 찾다가 더 이상 사용하지 않는 물건들을 정리해서 네 개의 종이백에 담아서 갖다 버렸다. 선반을 깨끗이 비우자 차고가 깔끔하게 보였다. 나는 선반을 정리하고 나서야 내가 그동안 쓸모없는 고물들을 얼마나 많이 쌓아 놓고 있었는지 깨달았다. 그 때문에 나는 생각하고 또 생각하게 되었다.

우리는 그 어느 때보다 풍요로운 시대에 살고 있다. 이는 주위를 둘러보기만 해도 금방 알 수 있다. 하지만 이런 풍요로움과 함께 찾아온 것은 그 어느 때보다도 치열한 경쟁이다. 과학 기술의 발전으로 세계가 1일 생활권이 되었고, 모든 것의 속도가 빨라졌으며, 그에 따라 사람들의 기대치도 높아졌기 때문이다.

경쟁에는 많은 종류가 있다. 예를 들어 동종업계 간의 경쟁, 자원 확보 경쟁, 시간 경쟁, 관계에서의 경쟁 등 그 종류도 다양하다. 대부분의 사람들은 이런 경쟁에 적응하는 방법을 찾거나 혹은 적당히 빠져나가려고만 할 뿐, 경쟁이 좋은 것임을 깨닫지 못한다.

솜씨 좋은 자동차 정비사인 친구 한 명이 10년 전에 카센터를 열었다. 친구는 열심히 일해서 좋은 평판을 얻은 덕에 카센터에 늘 손님이 끊이지 않아 꽤 많은 수입을 올릴 수 있었다. 그런데 9개월 전에 그가 운영하는 카센터의 옆에 있는 점포가 비자 그 점포의 주인이 그 친구에게 그 점포도 임대하지 않겠느냐고 물어왔다. 그는 곰곰이 생각해 본 뒤 점포를 확장하지 않기로 결정하고, 주인에게 그 점포를 임대하지 않겠다고 말했다. 그리고 원래 하던 대로 영업을 계속했다.

7개월 전, 친구가 내게 전화를 걸어와 떨리는 목소리로 옆 점포에 새로운 카센터가 입점하게 되었다고 말했다. 20대 초반의 젊은 청년이 운영하는 카센터라고 했다. 그 청년은 점포를 새로 페인트칠하고, 깔끔한 작업복을 맞추었으며, 공구를 깨끗하게 손질해 놓았다. 어쩌면 카센터를 개업하기 위해 그 청년은 엄청난 은행 빚을 졌을지도 모르지만, 어쨌든 그 카센터는 굉장히 근사해 보였다.

하지만 청년의 카센터가 근사하게 보일수록 친구의 카센터는 초라해 보였다. 그 청년의 정비 기술이 내 친구만큼 좋을지는 모르지만, 일단 그 청년은 자동차 정비에 도움을 줄 수 있는 최신 공구들을 모두 갖추고 있었다. 또한 그 카센터의 서비스 가격이 친구네 카센터에 비해 얼마나 높을지는 모르지만, 확실한 것은 그 청년이 지역 신문에 커다란 개업 기념 세일 광고를 냈다는 사실이었다.

얼마 지나지 않아 나는 친구의 카센터에 일어난 변화를 포착할 수 있었다. 우선 오래된 고물 기계들이 깨끗이 치워지더니, 곧바로 깨끗한 페인트칠이 뒤따랐다. 친구는 카센터를 찾아온 고객들에게 매우 친절하게 대했으며, 고객을 한 명이라도 더 유치하기 위해 치열하게 노력했다.

그리고 이제 가장 중요한 이야기가 나온다. 최근에 함께 맥주를 마시면서 친구가 내게 경쟁자인 젊은 카센터 주인이 자신에게 해 준 이야기를 들려주었다.

"사장님이 이렇게 하실 줄 알았다면 저는 여기에 가게를 열지 않았을 거예요. 전 사장님을 굉장히 쉽게 이길 수 있는 경쟁 상대라고 생각했었거든요."

그렇다면 이처럼 경쟁이 극심한 시대를 우리는 어떻게 살아야 할까? 이 질문에는 많은 답이 있고, 그 답안들은 서로 보완적이다. 그리고 그 답안들을 실천에 옮기면 바로 효과를 볼 수 있을 것이다.

인생을 변화시키기 위해 실천해야 할 여섯 가지 사항

1. 여러 가지 기술을 익혀라. 여러 가지 기술을 익혀 놓으면 모든 상황을 기회로 만들 수 있다. 배우고자 하는 의지를 발전시키면서, 현재 가지고 있는 기술도 더 탄탄하게 만들어 줄 것이다.

2. 목표 수준을 높여라. 목표 수준은 저절로 향상되지 않는다. 새로운 목표를 정하면 결국 낡은 생각을 버리고 새로운 생각을 받아들일 수 있다.

3. 항상 준비하라. 보이스카우트와 걸스카우트를 창설한 베이든 포엘이 말했듯이 뛰어난 통찰력과 준비로 경쟁에서 승리하라.

4. 꿈을 크게 가져라. 사람은 자신이 생각하는 대로 되기 마련이다. 당신은 무엇을 최고라고 생각하는가? 성공에 초점을 맞추고 성공하면 어떤 느낌일지 미리 상상해 보고 감정적인 연결고리를 만들어라.

5. 위험을 무릅써라. 매번 목표를 달성하고 있다면 당신은 아마도 목표 지점에 너무 가까이 서 있는 것이다. 늘 새로운 일을 시도해서 언제 위험이 닥쳐도 거뜬히 헤쳐 나갈 수 있는 체질을 갖추어라.

6. 변명거리를 없애라. 스페인의 탐험가인 코르테즈가 베라 크루즈에 정박했을 때 선원들에게 내린 첫 번째 지시는 배를 불태우라는 것이었다. 그러고 나서 그는 이렇게 말했다. "이제부터 싸움 아니면 죽음이다." 배를 불태웠기 때문에 선원들은 싸우는 것 외에 대안이 없었다. 당신도 실패할 경우 둘러댈 수 있는 변명거리를 미리 없애라.

이제 전진하라. 새로운 아이디어를 생각해 내고, 실행에 옮기고, 교육에 관련된 CD를 듣고, 책을 읽어라. 왜냐하면 당신은 자신이 무엇을 모르는지 스스로 모르고 있기 때문이다.

문제는 말하는 내용이 아니라
말하는 방식이다

★ "문제가 심각해요. 차동장치(엔진의 동력을 좌우 3동바퀴에 차이를 주어 전달하는 장치)를 새것으로 교체해야 합니다. 저희 센터로 하루에 접수되는 차량이 수천 대라서 바로 해 드리는 것은 불가능합니다. 며칠 동안 기다리셔야 됩니다."

내가 듣고 싶었던 것과는 아주 거리가 먼 이야기였다. 물론 정비 센터에 있는 안내원은 자기가 해야 할 일을 했을 뿐이다. 하지만 그녀는 내가 몇 분 전에 같은 문제를 진단했던 기술자처럼 말할 수도 있지 않았을까? 그 기술자, 뉴캐슬 메르세데스 센터의 폴 스미스는 이렇게 말했었다.

"다행입니다, 헤펠 씨. 차가 아주 엉망이 되기 전에 문제를 발견했으니까요. 차동장치를 교체하셔야 합니다. 그렇게 큰일은 아니니까, 예약을 잡아서 최대한 빨리 교체해 드리도록 하겠습니다."

"비용은 얼마나 들죠?"

"사실 비용은 좀 드는 편입니다만, 차가 워낙 좋고 또 손님께서 하루라도 빨리 고치고 싶어 하시는 것 같으니 최대한 빨리 처리하도록 하겠습니다."

그가 말한 내용은 근본적으로 정비 센터의 안내원이 말한 내용과 같았다. 하지만 그가 덧붙인 몇 마디 말 때문에 나는 나와 내 가족이 위험에 처하기 전에 문제를 미리 발견하게 되서 다행이라고 생각할 수 있었다. 부품을 교체하기만 하면 곧 다시 차를 몰 수 있다고 생각하니 안심이 되기도 했다.

그러나 15분 후에 안내원이 무시무시한 분위기를 풍기며 같은 내용을 다시 말하는 순간, 내 기분은 완전히 엉망진창이 되었다. 왜 그랬을까? 같은 내용에 나는 왜 그렇게 다른 느낌을 받았을까?

내 생각에 그 안내원은 그런 식으로 말하면 사람들이 어떤 느낌을 받는지 전혀 몰랐던 것 같다. 그녀는 '단지 자신의 일을 하고 있었을 뿐'이었다. 혹은 그녀는 그런 식으로 말하면서 극적인 느낌을 즐겼을지도 모른다. 세상에는 남의 비극을 본인의 낙으로 삼는 사람들도 있지 않은가.

당신은 이런 격언을 들어 보았을 것이다.

"문제는 일의 내용이 아니라 일하는 방식이다."

이 일화도 그 격언과 같은 맥락이지만, 좀 더 정확하게 하려면 이렇게 말해야 할 것이다.

"문제는 말하는 내용이 아니라 말하는 방식이다."

친구 중 한 명이 최근에 해고를 당했다. 내가 괜찮으냐고 물어보자 그녀는 이렇게 답했다.

"나는 괜찮아, 걱정되는 건 우리 팀장님이야. 나 나갈 때 정말 신경을 많이 써 주셨거든. 나를 내보내는 게 그분한텐 너무 힘들었나 봐. 나한테 너무 미안해서 어쩔 줄 모르셨어. 그런 팀장님을 만나서 일할 수 있었던 건 내게 큰 행운이야."

나는 속으로 생각했다.

'도대체 그 팀장이 뭐라고 한 거지?'

나중에 알고 보니 그 회사는 사정이 어려워져서 직원 스무 명을 감원해야 했다. 팀장 두 명이 각각 열 명씩에게 해고를 알리는 일을 맡았다. 그런데 내 친구에게 그 소식을 알렸던 팀장은 상대방의 감정을 배려해 가며 그 소식을 조심스럽게 알렸지만, 다른 팀장은 그런 소식을 어떻게 전달해야 되는지 잘 몰랐던 모양이었다. 다른 팀장에게 해고 통보를 받은 열 명 중 네 명은 그 팀장과 회사에 대해 악담을 퍼부으며 고소를 준비하고 있었고, 나머지 사람들에게도 같이 고소하자고 설득하는 중이었다. 하지만 친구의 팀장을 통해 해고 소식을 들은 사람들은 아무도 악담을 퍼붓거나 회사를 고소하려 하지 않았다.

당신은 고객과 동료, 친구와 가족들에게 어떤 말을 하는가? 그리고 어떤 식으로 말하는가? 사람들에게 나쁜 소식을 전할 때는 자신이 남에게 나쁜 소식을 들을 때 듣고 싶은 방식으로 전하도록 노력해야 한다. 그렇다고 거짓말을 하거나 과장해서 말하거나 왜곡해서 말하라는 의미는 아니다. 좀 더 긍정적인 방식으로 상대방이 받아들일 수 있는 방식으로 말하라는 의미이다. 아니, '받아들일 수 있게'라는 말은 너무 약한 것 같다. 그 정도가 아니라 상대방의 입장이 되어 공감하면서 오히려 상대방이 미안하게 느낄 정도로 세심하게 배려하고 있다는 것을 보여야 한다.

그렇게 하고 나면 스스로 굉장히 기분이 좋아질 것이다. 그리고 당신의 얘기를 들은 사람들은 기분 나쁜 일도 기분 좋게 받아들일 것이다. 그렇게 되면 혹시 누가 알겠는가, 당신이 바라던 일이 조금 더 빨리 성사될지.

♥ 작은 감동

나쁜 소식을 전할 때는 상대의 손을 잡고 어깨를 토닥이거나 따뜻하게 안아 주면서 전달하면 좋다. 이때 말투나 행동은 가식적이지 않으면서도 자신의 마음이 충분히 전달될 수 있어야 한다. 그리고 그것을 통해, 당신이 그 소식을 전하게 되어서 얼마나 안타까워하고 있는지를 보여 줄 수 있어야 한다.

가장 좋은 고객은
까다로운 고객이다

★ 당신은 잘 하고 있었다. 최선을 다해 일했고, 모든 일이 잘 되어 가고 있었다. 그런데 갑자기 문제가 생겼다. 까다로운 고객이 나타난 것이다. 어떤 고객인지는 당신도 잘 알 것이다. 시간을 질질 끌면서 말도 안 되는 질문을 계속하고, 계속 변덕을 부리는 고객, 아무리 잘해 줘도 만족할 줄 모르는 고객 말이다.

〈펄티 타워즈(Fawlty Towers, 1975)〉라는 코믹 드라마에서 뻔뻔한 호텔 경영자인 바실 펄티는 고객들, 특히 까다로운 고객들을 굉장히 독특한 방법으로 다룬다. 고객들에게 소리를 지르고, 고함치고, 심할 때는 손님들을 호텔 밖으로 쫓아내기까지 한다. 직원들에게 대하는 방식도 마찬가지다.

그런 그의 모습을 보면서 많은 시청자들이 폭소를 터뜨렸다. 이처럼 까다로운 손님들이 나타나서 골치를 썩일 때, 당신은 펄티처럼 행동하고 싶은 충동에 휩싸일 것이다. 하지만 당신은 고객들에게 그렇게 대할 수는 없다. 아쉽지만, 차마 그럴 수는 없다.

까다롭게 구는 고객들 중에는 당신과 마주치기 전에 이미 다른 일로 심기가 상해 있는 경우가 대부분이다. 이런 경우, 고객의 화풀이 대상이 되는 사람은 잘못한 게 전혀 없다. 하지만 그럼에도 불구하고 고객은 여전히 상대방의 감정을 고려하지 않은 채 불같이 화를 낸다. 이런 고객들은 자신과 마주치게 되는 운 나쁜 사람의 감정은 행 계좌에서 거액을 출금하는 것이다.

그렇다면 이런 고객들은 어떻게 대해야 할까?

첫째, 귀를 기울여야 한다. 사람들은 자기 말을 잘 들어주는 것을 굉장히 좋아한다. 특히 까다로운 사람들은 더욱 그렇다. 그동안 무시 받았던 적이 많았기 때문에, 까다로운 고객들은 때때로 자기 말을 잘 들어주기만 해도 기분을 풀고 상대방을 '자기 편'으로 받아들인다.

당신이 어떤 직종에 종사하고 있든, 까다로운 고객을 대할 때는 계속해서 눈을 쳐다보라는 터무니없는 충고는 귀담아 듣지 말기 바란다. 누군가를 계속해서 쳐다보면 상대방의 신경을 날카롭게 해서 공격적인 분위기가 형성될 수 있다.

상대의 말을 경청하고 있다는 것을 보여 줄 수 있는 가장 좋은 방법은 고개를 끄덕이고, 말하는 내용을 이해했다는 표시로 상대가 말한 내용 중 핵심적인 부분을 적절한 시점에 반복해서 말하고, 고개를 한쪽으로 약간 기울이는 것이다.

위의 방법들도 모두 효과적이지만, 당신이 정말로 귀 기울여 듣고 있다는 것을 보여 주는 가장 좋은 방법은 메모를 하는 것이다. 듣는 사람이 메모를 하면 사람들은 그 사람이 자신의 말을 굉장히 관심 있게 듣고 있다고 생각한다. 대부분의 경우, 까다로운 고객들은 상대가 메모를 하면 그제야 상대방이 자신에게 신경을 써 주고 있다는 것을 믿기 시작한다.

둘째, 공감해야 한다. 물론 이것은 굉장히 어려울 수 있다. 그래도 "화가 나실 만도 하네요", "그 부분에 대해서는 정말 죄송합니다"와 같은 말을 한 다음에 해결책을 제시해야 한다. "그래서 제가 어떻게 해 드리길 바라십니까?"와 같은 말은 오히려 반감을 살 수 있다.

전문가로서 당신은 그 문제에 대해 자신이 해 줄 수 있는 일이 무엇인지 정확히 알고 있어야 한다. 한두 가지 해결책을 제시한 뒤 고객에게 다른 방안이 있는지 물어보라. 예를 들어, "다른 제품으로 교환해 드릴까요?", "지금 바로 해 드릴 수 있는 다른 일이 있으면 말씀해 주십시오" 등과 같은 말을 하는 것이다.

하지만 만일 고객이 잠깐 동안 '화풀이'할 대상이 필요한 것뿐이라면 어떻게 해야 할까? 세상에는 자신의 중요성을 확인하고 싶어 하는 욕구가 강한 사람이 있다. 이런 사람과 맞닥뜨리게 되면 그 사람이 폭발적으로 화를 내면서 자신이 중요한 사람이라고 느끼도록 내버려 두어라.

주의할 점은 그 사람의 부정적 기운에 휩쓸리지 않아야 한다는 것이다. 사실 당신은 그 상황을 아주 긍정적인 순간으로 바꾸어 놓을 수도 있다. 방법만 안다면 말이다. 이때 그 문제를 당신이 책임져야 한다고 생각해서는 안 된다. 특히 고객에게 5 Star Service를 제공하기 위해서 할 수 있는 일은 모두 다 했다고 생각한다면 말이다.

편안한 마음으로 침착하게, 이성적으로 임하라. 그리고 창의적으로 해결책을 모색하고, 힘든 상황 하에서도 적절한 조치를 취할 수 있도록 하라.

심하게 까다로운 고객이 당신에게 심술궂게 군다면, 당신이 잘못한 게 전혀 없는데도 고객이 계속해서 언성을 높인다면 또는 불평불만을 잘 들어주어도 고객이 계속해서 화를 낸다면, "정말 화가 나실 만하네요"라고 말한 뒤 한두 가지 해결책을 제시하고 고객 스스로 해결책을 제시할 수 있는 기회를 주어라.

그런 뒤에도 고객이 여전히 까다롭게 굴면 그때는 '자기 보호법'을 사용해도 좋다. 고객의 벌거벗은 모습을 상상해 보는 것이다. 고객이 조금씩 작아져서 난쟁이가 되어 높은 톤의 이상한 '끽끽' 소리를 낸다고 상상해 보는 것이다. 최후의 순간에 이 방법을 사용하면 상대방의 부정적인 기운에서 자신을 보호할 수 있을 뿐만 아니라 스트레스도 줄일 수 있다.

♥ 작은 감동

나쁜 소식을 전할 때 상대방의 기분을 누그러뜨릴 수 있는 세 가지 방법

1. 미안하다고 말하며, 정말 미안해하는 모습을 보인다.
2. 긍정적인 해결책을 제시한다.
3. 잊지 않고 다음 조치를 취해서 상대방이 만족할 수 있도록 한다.

고객 서비스에 대한
브랜드를 구축하라

★ 브랜드, 브랜드, 브랜드. 요즘 신문의 경제면을 보면 온통 브랜드 이야기뿐이다. 어떤 브랜드가 가장 인정받는가, 어떤 브랜드가 최고의 브랜드인가, 새로운 브랜드를 출시하는 데 비용이 어느 정도 들어갔는가 등과 같이 브랜드는 끊임없이 신문 지상을 오르내린다.

물론 5 Star Service에서도 브랜드는 말할 수 없을 정도로 중요하다. 고객 서비스는 사실 브랜드가 전부라고 해도 결코 과언이 아니다. 왜냐하면 결국에는 당신 자신이 곧 브랜드이기 때문이다. 평소에 어떻게 하느냐가 당신의 브랜드를 크게 바꾸어 놓을 수 있는 것이다.

한번은 고객 서비스에 대한 세미나에서 청중들에게 이렇게 물은 적이 있었다.

"여기 계신 분 중에 어느 분이 10만 달러를 투자받고 싶으십니까?"

그러자 모든 사람들이 손을 들었다. 나는 '당신 회사'라고 적힌 슬라이드를 보여 준 뒤, 당신이 하나의 회사이고 내가 그 회사에 10만 달러를 투자한다면, 그 회사가 그만큼의 투자 가치가 있다고 생각하는 사람이 있는지 다시 물었다. 또다시 많은 사람들이 손을 여기저기서 들었다. 모든 사람들이 자신이 그만큼의 가치가 있다고 생각하고 있었다.

그렇다면 '당신 회사'가 왜 그만큼의 투자를 받을 가치가 있다고 생각하느냐고 물었다. 그러자 갑자기 세미나실에 침묵이 흘렀다. 대부분의 사람들이 그 질문에 대한 답을 찾지 못했고, 올렸던 손을 내리기 시작했다. 끝까지 손을 들고 있던 사람들에게는 각자 15초 동안 답변할 시간을 주었다.

사람들의 답변은 다양했다. 입심 좋게 자신을 홍보하며 투자 금액을 두 배로 올리라고 큰소리치는 사람도 있었고, 자신이 마치 공식적인 자선단체라도 되는 것처럼 열성적으로 기부를 요청하기도 했다. 그러나 대부분의 경우는 본격적으로 자기 홍보에 들어가기 전에 정해진 시간이 끝나 버렸다.

너댓 사람의 '광고'를 지켜본 후, 나는 앉아 있던 사람들에게 누구에게 투자하고 싶은지를 물었다. 많은 사람들이 자기 자신이라는 브랜드에서 가장 중요한 것이 무엇인지를 보여 주는 답변을 해 주었다. 가장 많은 표를 얻은 사람은 사람들에게 가장 호감을 준 사람이었다. 투자를 받을 만한 '가치가 있는' 사람도 아니고 자기가 투자를 받을 만한 '능력이 있다'고 강력하게 주장한 사람도 아닌, 사람들이 호감을 느끼고 친구로 삼고 싶어 하는 사람 말이다.

바로 이것이 고객 서비스 브랜드에서 가장 중요한 점이다. 좋은 서비스를 해 주어서 궁극적으로 고객과 친구가 되는 것 말이다.

글로벌 광고대행사인 사치앤사치(Saatchi & Saatchi)의 CEO인 케빈 로버츠는 그 부분에 대해 이야기할 때면 '러브마크'를 말하곤 한다. 그는 러브마크를 '브랜드를 넘어선 미래'라고 정의한다. 러브마크는 소비자들의 완전한 사랑을 받는 브랜드를 지칭하는 말로, 소비자들이 한 브랜드를 단순히 좋아하는 차원을 넘어 적극적으로 그 브랜드를 홍보하고 열렬히 사랑해 줄 때 그 브랜드를 러브마크라고 지칭할 수 있다.

러브마크 소비자들은 다른 사람들에게 그 브랜드를 선택하라고 설득하고 자신을 그 브랜드의 일부로 여기며, 브랜드 이미지에 손상이 생기면 그것을 복구하는 데 도움을 주려고 적극적으로 노력한다. 러브마크는 대부분 사람을 무엇보다 중시하는 회사에서 탄생한다.

그렇게 본다면 당신의 회사는 러브마크가 될 자격이 있다고 생각하는가? 그리고 브랜드가 당신의 모든 것을 설명해 주는 핵심이라면, 당신은 자신이라는 브랜드를 키워 나가기 위해 무엇을 하고 있는가?

자신의 브랜드를 키우고 고객들에게 사랑받기 위한 다섯 가지 방안을 소개
한다.

1. 자신이 바로 브랜드라는 사실을 늘 기억한다. 회사의 로고는 광고나 전단
   지에 찍혀 나가는 상징적인 의미밖에 없다.

2. 브랜드 이미지는 계속해서 노력해야만 유지된다. 한순간도 방심하지 말고
   언제나 최선을 다해 고객을 대하라.

3. 브랜드 확고한 가치관을 바탕으로 형성된다. 당신은 자신의 가치관을 종
   이에 써 놓고 매일 들여다보면서 의미를 되새기는가?

4. 브랜드에는 한계가 없다. 당신이 하는 일이 주위 사람들뿐만 아니라 더
   많은 사람들에게 퍼져 나갈 수 있는가? 당신이라는 브랜드는 국제적인 브
   랜드가 될 수 있는가? 국제적인 브랜드가 된 이후에도 여전히 좋은 성과
   를 거둘 수 있는가?

5. 자신이 좋아하거나 혹은 싫어하는 브랜드가 있다면, 그 이유가 무엇인지
   반문해 본다. 자신을 끌어당겼던 이유가 되는 요소는 본받아서 그렇게 하
   도록 노력하고, 자신에게 싫은 감정을 주었던 요소는 반면교사로 삼아 그
   렇게 하지 않도록 노력한다.

다른 사람들을
격려하라

★ 나는 목적지까지 빠르고 편리하게 갈수만 있다면 어떤 비행기를 타도 상관없다고 생각한다. 그래서 부가 서비스가 없는 저렴한 항공사인 이지젯 항공사가 내가 살고 있는 도시에서 운항을 시작했을 때 열렬히 환영했다. 당시 나는 '돈을 버는 가장 빠른 방법은 돈을 최대한 쓰지 않는 것이다'라는 아버지의 말이 떠올랐다.

그러던 어느 날 런던에서 뉴캐슬로 가는 이지젯 항공사의 비행기에서 나는 굉장히 근사한 경험을 하게 되었다. 어떻게 그런 경험을 할 수 있었을까? 바로 사이먼이라는 사람 때문이었다. 사이먼은 이지젯 항공사의 승무원이었는데, 당장이라도 우리 회사로 스카우트하고 싶은 충동을 느끼게 하는 사람이었다. 물론 그 목적은 순전히 회사의 분위기를 즐겁게 하기 위한 것이지만 말이다. 그는 지루할 수도 있었던 45분간의 탑승 시간을 두고두고 기억할 만한 순간으로 바꾸어 놓았다. 그는 도대체 어떻게 한 것일까?

우선 비행기에 발을 들여놓는 순간부터 모든 사람에게 다른 방식으로 환영을 하는 사이먼의 모습이 눈에 띄었다. 그는 무릎을 꿇고 앉아서 아이들을 환영했고, 두 명의 일본인 사업가들에게는 공손하고 유머 있게 머리 숙여 인사했으며, 내가 탔을 때는 이렇게 말했다.

"짐을 들어드리고 싶지만 손님께서는 저보다 훨씬 힘이 세 보이시는군요."

사이먼의 진면목이 제대로 드러난 것은 마이크를 들었을 때였다. 그는 경쾌하고 힘 있는 목소리로 이렇게 말했다.

"저딜랜드(영국 라인 강변 주민들의 방언을 풍자한 말)까지 가는 저희 항공사의 비행기에 탑승하신 것을 환영합니다."

한두 명 정도 못마땅해 하는 승객도 있었지만 대부분의 승객들이 환호했다. 사이먼은 재빨리 이렇게 덧붙였다.

"걱정하지 마십시오. 매캠스(영국 선덜랜드 지방 출신을 매캠스라고 부르는데, 선덜랜드는 뉴캐슬에서 24km 정도 떨어져 있는 지역으로 뉴캐슬과 치열한 경쟁 관계에 있다)들도 집까지 모셔다 드릴 겁니다.

그러고 나서 그는 이렇게 말했다.

"모든 짐은 머리 위의 로커에 넣어 주십시오. 비행기가 이륙할 때 바닥에 놓여 있어야 할 것은 오직 당신의 발과 카펫뿐입니다."

그리고는 이런 명언을 남겼다.

"모든 전자제품의 전원을 꺼주십시오. 특히 비행기의 내비게이션 시스템에 혼선을 줄 수 있는 휴대전화는 반드시 전원을 꺼 주시기 바랍니다. 최악의 경우 칼라일(칼라일은 잉글랜드의 중서부에 있고 목적지인 뉴캐슬은 북부에 있다)에 착륙하게 될 수도 있으니까요."

드디어 비행기가 이륙하자 승무원들이 여러 종류의 술이 담긴 트롤리를 끌고 왔다. 그리고 사이먼이 승객들에게 '골라서 마시는 칵테일'을 나눠 주기 시작했다. 이때 내 옆에 앉아 있던 사람이 사이먼에게 혹시 피나 콜라다도 있느냐고 물었다.

"물론 있습니다. 하지만 맥주와 토닉 맛이 더 나을 겁니다."

사이먼이 이렇게 답하자 승객들은 다시 한 번 폭소를 터뜨렸다.

이윽고 뉴캐슬에 착륙할 무렵이 되자 사이먼은 릴리 새비지(영국의 연예인으로 여장남자 캐릭터로 유명하다) 스타일로 마지막 착륙 연설을 펼치기 시작했다. 나는 사이먼의 너무나 훌륭한 입담에 받아 적지 않을 수 없었다. 사이먼의 위트 있는 말투를 상상하면서 다음 내용을 읽어 보기 바란다.

"신사 숙녀 여러분, 뉴캐슬에 오신 것을 환영합니다. 비행기가 완전히 멈추어 서서 붉은 빛이 사라질 때까지는 좌석에서 일어서실 생각은 조금도 하지 마십시오. 제가 감시하고 있으니까요. 그리고 머리 위에 있는 로커에서 짐을 꺼낼 때도 각별히 조심하십시오. 착륙 후에는 로커에서 짐들이 돌아다니니까요."

그리고 나서 그는 덧붙였다.

"오늘 밤 뉴캐슬은 춥고 축축하니 옷차림에 유의하시고 내리실 때

바닥이 미끄러울 수 있으니 조심하십시오. 혹시 잊으신 물건은 없는지 확인해 주십시오. 설령 잊으신 물건이 있다 해도 너무 걱정하실 필요는 없습니다. 저희 승무원들이 이번 주 일요일에 카 부티(영국에서 열리는 자선경매 프로그램으로, 쓰던 물건을 기부하거나 그 물건에 가치를 매기는 등의 방식으로 진행된다)에 참석해서 요긴하게 쓰도록 할 테니까요. 많은 항공사 가운데 저희 항공사를 선택해 주셔서 감사합니다. 이지젯 항공사 외에는 선택의 여지가 없었겠지만, 여하튼 저희 이지젯 항공사를 선택해 주신 것에 대해 모든 승무원들을 대표해서 감사드리는 바입니다.”

그러고 나서 기막힌 일이 일어났다. 조종사가 재난에서 용감하게 비행기를 구출해 낸 것도 아닌데 승객들이 일제히 우레와 같은 박수를 터뜨렸던 것이다. 사이먼은 상황에 맞게 유머의 수위를 조절할 줄 알았기 때문에 기내의 모든 승객들에게 마법과 같은 시간을 선사해 주었던 것이다.

물론 당신이 꼭 사이먼처럼 해야 할 필요는 없다. 하지만 그가 했던 일을 살펴보고 본받을 점을 정리해 볼 수는 있을 것이다.

1. **고객에 대해서 잘 알기.** 사이먼은 탑승한 거의 모든 승객들에게 다른 방식으로 환영 인사를 했다.

2. **제품에 대해서 잘 알기.** 사이먼은 기내방송을 수십 번씩 해오면서 자신이 어떤 말을 해야 하는지 잘 알게 되었고, 따라서 자신감 있게 유머감각을 발휘할 수 있었다.

3. **전문가적 지식.** 사이먼은 주요 도시에 살고 있는 사람들이 사용하는 사투리에 대해서 잘 알고 있었고, 뉴캐슬이 춥기로 유명하다는 사실을 알고 있었으며, 트롤리에 어떤 종류의 술이 들어 있는지를 훤히 꿰뚫고 있었다.

4. **모든 사람들에게 주의를 기울이기.** 한 사람에게 5 Star Service를 하는 것도 쉽지 않은데 사이먼은 백 명이 넘는 사람들에게 그 일을 해냈다. 대단한 일이다.

5. **유머 감각 사용하기.** 다 함께 소리 내어 웃는 것은 얼마나 즐거운 일인가.

한 명, 일부, 다수,
전체의 차이를 인지하라

★ 나는 『How to be Brilliant』라는 책에서 멜버른 리지스 호텔의 프런트 직원인 해리 니콜레이즈가 나와 호텔에 묵고 있던 다른 손님들에게 얼마나 큰 감동을 주었는지에 대해 언급했다. 지금은 아쉽게도, 그가 멜버른 리지스 호텔을 그만두고 태국의 푸켓에서 살고 있다는 사실을 전한다.

지난번 호주의 멜버른에 갔을 때 나는 해리가 없어도 여전히 그때처럼 감동적인 서비스를 받을 수 있을지 궁금해하면서 리지스 호텔에 투숙했다. 궁금증은 호텔에 도착한 지 30분도 채 되지 않아 금방 풀렸다. 리지스 호텔은 이제 여느 호텔과 다름없는 평범한 호텔이 되어 있었다. 왜 그렇게 되었을까?

그것은 그 호텔의 훌륭한 서비스가 조직 전체에서 나오는 문화적

현상이 아니라 한두 명의 개인에게서 비롯되는 현상이었기 때문이었다. 나는 망연자실했다. 처음에 방문했을 때는 나 혼자였지만 이번에는 가족과 함께였고, 그동안 내가 가족들에게 그 호텔의 서비스가 얼마나 훌륭한지 수없이 말해 왔기 때문이었다. 그런데 안타깝게도 해리가 그 호텔을 떠나면서 마법도 그와 함께 사라져 버렸다.

개인은 조직을 빛나게 할 수도 있지만, 반대로 흐리게 할 수도 있다. 그렇다면 어떻게 해야 개인에게 전적으로 조직의 이미지를 맡겨 놓지 않고 대신 조직 차원에서 최고의 서비스 문화를 만들 수 있을까?

우선 원칙을 바르게 세워야 한다. 서비스 원칙은 모든 조직이 성공하기 위해서 반드시 세워야 하는 중요한 것이다. 서비스 원칙을 종이에 적어서 사내에 널리 배포하고, 실행하라. 물론 가장 중요한 것은 실행하는 것이다. 서비스 원칙이 체계적으로 정립되어 있지 않다면, 회사가 고객에게 최고의 서비스를 제공하고 있는지의 여부를 어떻게 알 수 있겠는가?

대부분의 회사에는 기업의 목표와 비전이 있다. 또한 대부분의 회사 중역들은 호젓하고 넓은 별장에서 외부 미팅을 하면서 목표와 비전을 세운다. 그러나 원칙은 이와는 다른 것이다. 원칙은 모든 직원들이 알아야 하고 원칙을 준수할 때 오히려 의사결정이 쉬워져야 한다. 또한 원칙을 통해 직원들이 보다 높은 차원의 목표를 확실히 인식할 수 있어야 하고, 고객들이 이를 생생히 느낄 수 있어야 한다. 그렇게 봤을 때 당신 회사는 최고의 서비스를 원칙으로 삼고 있는가?

당신은 내부 교육을 준비하겠다고 생각해 본 적이 있는가? 내부 교육을 시작하는 것은 사실 그리 어렵지 않다. 팀원들을 모아 놓고 모두에게 다음과 같은 핵심 질문을 하면 된다.

"어떻게 했을 때 고객을 크게 감동시켰으며, 그렇게 하는 데 비용이 얼마나 들었는가?"

그러면 질문을 한 지 얼마 지나지 않아서, 당신은 고객을 크게 감동시키는 데에는 비용이 거의 들어가지 않거나 혹은 비용이 전혀 들어가지 않는다는 사실을 깨닫게 될 것이다. 다음 단계는 팀원들의 이야기에서 자신이 무엇을 배웠는지, 그리고 이야기 도중에 어떤 부분을 조직 전체에 적용할 수 있는지 반문해 보는 것이다.

그런 다음 팀원 중 일부나 당신이 직접 포스터와 스티커 등 고객 서비스 수준을 높이도록 장려하는 장치를 만들게 하거나 만든다. 그리고 성공사례가 나오면 공개적으로 축하해 준다. 성공을 축하하는 방법에 대해서는 앞에 나오는 '성과를 거둘 때마다 종을 울려라'를 참조하라. 그렇게 하면 다른 구성원들의 관심을 끌 수 있을 뿐만 아니라 성공의 기쁨을 여럿이 함께 나눌 수 있다. 그리고 한동안 성공의 종이 울리지 않으면 사람들은 어떻게 해서든 그 종을 울리려고 애쓸 것이다.

만일 당신이 고객에게 뛰어난 서비스를 제공하는 것으로 유명하거나 당신의 조직에 있는 두세 명의 팀원이 서비스 계통에서 스타급이라면 그것은 대단히 훌륭한 일이다. 하지만 5 Star Service가 팀 전체에서 원칙이자 규범으로 통용되지 않는다면, 당신 혹은 다른 두세 명의 서비스 스타들은 얼마 지나지 않아 지치게 될 것이다. 따라서 팀원 모두를 참여시키는 것은 대단히 중요한 일이다.

그럴 만한 가치가 있느냐고? 생각해 보라, 우리는 현재 고객들이 더 적은 비용으로 더 좋은 서비스를 받기를 바라지만 정작 우리는 그러지 않는 시대를 살고 있다. 따라서 당신은 5 Star Service 문화를 만들어 내는 데 주도적인 위치를 점해야 한다. 그리고 최고 수준의 고객 서비스를 팀 내에서 반드시 실천해야 할 사항으로 만들어야 한다.

그렇다면 일할 때 신조가 될 서비스 원칙 목록은 어떻게 만들어야 할까?

우선, 원칙에 관한 목록을 만드는 것은 원칙을 실천하는 과정과 정비례해야 한다. 원칙을 만드는 과정이 어려우면 원칙에 관한 목록을 실천하는 것도 그만큼 어렵고, 원칙을 만드는 과정이 쉬우면 원칙을 실천하는 것도 그만큼 쉽다. 내가 함께 일했던 회사 중에는 한 나절 만에 목록 작성을 마치고 대단히 성공적인 결과를 얻은 회사도 있었고, 반대로 목록 작성을 마치고 시작 단계에 들어가는 데에만 몇 달씩 걸린 회사도 있었다.

그럼 이제부터 당신이 서비스 원칙에 대한 목록 작성을 주도한다고 가정하고 그 목록을 작성하는 방법을 소개하겠다.

우선은 팀원 모두를, 여의치 않다면 가능한 한 많은 팀원들을 한 자리에 모은다. 아마 이것이 가장 힘든 작업이 될 것이다. 이때 가능한 한 많은 사람들을 모을 수 있는 방법을 찾아야 하는데, 향후 교육 내용을 사내에 전파할 사람들을 참석시키는 것이 무엇보다 중요하다. 당신이 하려는 일을 회사 전체에 널리 알릴 만한 효과적인 방법을 찾지 못했다면 이 모임을 잘 활용해야 한다. 단순히 참가자들이 몇 글자 받아 적는 것으로 끝나서는 안 된다.

그 후에 모임 참가자들에게 당신이 왜 고객 서비스에 대한 원칙을 만드는 것이 중요하다고 생각하는지를 설명한다. 실제 있었던 일화를 예로 들면서, 원칙을 만들면 어떤 점이 좋은지를 알려 준다. 자유로움, 보상, 의사결정의 용이함 등을 좋은 점으로 들 수도 있을 것이다.

이제 팀원들에게 두 가지를 물어본다. 자신들에게 중요한 것이 무엇인지, 그리고 고객들에게 중요한 것은 무엇이라고 생각하는지를 말이다. 이 경우에는 다수의 인원이 모여서 수많은 의견을 내놓는 것보다는 팀을 나누어 소수의 인원이 모여서 토론을 하는 것이 더 효율적이다.

이것을 진행할 때는 개진된 의견을 하나로 묶을 수 있는 주제어를 찾되, 팀원들이 원하지 않는 방향으로 끌고 가지 않도록 주의해야 한다. 그리고 원칙으로 쓰일 수 있는 단어를 지정한다.

예를 들어 '고객에게 감동을 준다', '새로운 느낌을 준다', '다른 느낌을 준다'는 세 가지 의견이 나왔다면, 팀원들에게 '놀람'이라는 단어가 이 세 가지 의견을 모두 통합할 수 있는지를 묻는다. 팀원들의 의견이 긍정적이면 그렇게 정하고, 부정적이면 왜 그렇게 생각하는지 물어본다.

다음 단계는 고객 서비스에 관한 원칙을 몇 가지 핵심 단어로 요약하는 것이다. 이 과정에서 잡음이 생길 수도 있는데, 그것은 사람들이 종종 일을 시작하기도 전에 너무 앞서 나가는 경향이 있어서 핵심 단어를 목록에 포함시키기도 전에 그 단어를 아주 엄밀하게 정의하려 하기 때문이다.

몇 시간이면 만들 수 있는 서비스 원칙 목록을 작성하는 데 몇 주씩 걸리는 것은 바로 이 때문이다. 따라서 참가자들이 너무 엄밀하게 정의를 하려고 하면, 오늘은 핵심 단어만 정해 놓고 더 엄밀한 정의는 향후에 다시 할 것이라고 말하면 된다.

다음 단계는 긴 목록을 짧게 만드는 것이다. 일단 비슷한 개념을 한데 모아서 하나의 큰 개념으로 묶는다. 그리고 나서 목록의 우선순위를 정하고, 목록이 너무 길다 싶으면 후순위에 있는 원칙들을 제외한다. 내 경험으로 보건대 목록에 어떤 내용이 있는지 기억나지 않는다면 목록이 너무 긴 것이다.

그리고 나서 목록에 포함된 원칙마다 그에 대한 정의를 적는다. 다시 한 번 말하지만, 이 작업도 너무 많은 인원보다는 소수의 인원이 함께하는 것이 좋다. 정의는 짧고, 간명하며, 간단한 설명을 덧붙여야 한다.

이러한 작업을 모두 마쳤다면, 모임에 참가한 모든 사람들이 목록의 내용과 사용방법을 알고 있는지 확인하고 목록에 사인하게 한다. 그런 다음 그것을 인쇄하여 벽에 붙이고, 목록이 인쇄된 작은 플라스틱 카드도 만든다. 팀원들에게 목록을 활용할 때마다 주위 사람들과 사례를 공유하고, 목록을 활용하지 않는 사람에게는 목록을 활용할 것을 권한다. 그리고 목록을 홈페이지에도 올린다(내 목록을 보고 싶은 독자는 www.michaelheppell.com을 방문하기 바란다).

이렇게 해서 목록에 포함된 원칙들이 회사의 문화가 되게 한다. 여기에는 시간이 좀 필요하다. 또한 작성한 목록이 향후에 완벽하게 실행되기도 힘들다. 하지만 이 과정에서 들인 노력은 향후에 상당한 보상을 가져다 준다.

만약 원칙을 정할 때 좋은 생각이 떠오르지 않는다면 다음의 원칙들을 참조해보기 바란다.

훌륭한	정확한	공손한
시간을 엄수하는	마법의	창조적인
재미있는	사려 깊은	독특한
참여하는	탁월한	추천할 만한
진심의	친근한	재미있는
최고의 가치가 있는	의욕적인	놀라운
최선을 다하는	공정한	유명한

서비스 전문가를
채용하라

★ 훌륭한 서비스 윤리를 지닌 직원을 채용할 때 희망은 전략이 아니다. 사실 지원자의 여러 가지 특성을 평가해 줄 진단 도구들은 그가 당신의 고객들과 얼마나 잘 소통할 수 있는지 정확하게 예측하는 경우가 드물다.

미국에서 〈도전적인 억만장자(The Rebel Billionaire, 2004)〉라는 TV 프로그램을 본 적이 있다. 〈어프렌티스(The Apprentice, 2004)〉와 비슷한 유형의 프로그램이었는데, 리처드 브랜슨이 출연하여 버진 그룹의 일부를 맡아서 운영해 줄 인재를 찾는 프로그램이었다. 첫 에피소드에서 도전적인 젊은이 16명이 눈을 반짝이며 미국에서 날아왔다. 그들은 그 어떤 과제에도 도전할 준비가 되어 있는 모습이었다. 참가자들은 네 명씩 짝을 지어 공항에서 런던의 검정색 택시에 올라

탔다. 촬영팀이 참가자들이 택시에 타는 모습을 카메라에 담았고, 택시에 몰래 설치된 카메라로 리처드 브랜슨의 집까지 가는 여정을 고스란히 녹화했다.

여기까지는 별문제가 없었다. 설마 벌써 기회를 망친 참가자가 있었겠는가? 그것이 가능하기나 한 일인가? 아직 면접장에 도착하지도 않았는데 말이다.

참가자들이 놓친 첫 번째 사항은 택시 운전수가 나이가 많이 드신 분이었다는 것이다. 그분이 짐을 트렁크에 싣느라 고생하고 계셨는데, 참가자 중 택시에 타기 전에 운전수를 도운 사람이 있었을까? 아무도 없었다. 사실 남자 참가자 몇 명은 여자 참가자들도 도와주지 않았다.

그다음에는 택시 안에서 나눈 대화가 문제였다. 각본에 따라 택시 운전수는 리처드 경에 대해 어떻게 생각하느냐고 참가자들에게 물어보았다. 그들이 낯선 사람과 얼마나 자유롭게 의견을 주고받는지 놀라울 정도였다.

목적지에 도착했을 때 참가자들은 거실에 모여 리처드 브랜슨과 인사를 나누게 되기를 고대했다. 모두 차분한 전문가처럼 보이려고 애쓰는 가운데 침묵이 한참 흘렀다. 첫인상을 결정하는 데는 단 한 번의 기회밖에 없지 않은가.

하지만 거실에 나타난 사람은 리처드 브랜슨이 아니라 나이 든 택시 운전수였다. 그가 구부정했던 등을 쭉 펴고 목소리를 바꾸고 주먹코를 뜯어냈을 때 참가자들의 입이 떡 벌어진 장면은 정말 볼만

했다. 그렇다. 당신의 추측이 맞다. 택시 운전수는 특수 분장을 그럴 듯하게 한 리처드 브랜슨이었다.

리처드 브랜슨은 참가자들에게 그들이 공항에 도착하고 나서부터 어떻게 행동했는지가 여실히 담겨 있는 비디오 클립을 보여 주었다. 참가자 몇 명은 울그락불그락 붉은 얼굴을 감추지 못했다. 유독 심하게 바보같이 행동했던 참가자 한 명은 벌써 집에 돌아갈 시간이었다.

서비스 전문가를 채용할 때에도 가치와 태도를 먼저 채용해야 한다. 기술은 금세 가르칠 수 있지만 직원의 태도를 고치는 데는 시간이 오래 걸리기 때문이다. 개인적인 가치를 계발하는 데에는 몇 년씩 걸리기도 한다. 내가 어떤 태도와 가치를 말하는지 잘 알 것이다. 몇 가지만 예로 들자면, 활기차고 공손하고 배려 있고 깔끔하고 시간을 잘 지키는 것을 말한다.

지원자가 당신의 5 Star Service 문화에 적합할지 알아보는 데 도움이 될 만한 간단한 표를 소개하겠다. 가장 과학적인 접근법은 아니지만 1점부터 10점까지 점수를 매겨 지원자들이 표의 어디쯤에 위치할지 살펴보면 보석 같은 인재를 발견할지도 모른다.

실제 면접 과정은 간단하다. 면접할 때 처음 몇 분 안에 사실상 결정을 내리는 경우가 많기 때문이다. 나머지 시간은 당신의 결정을 정당화하는 데 쓰일 뿐이다!

인사 전문가들은 나와 의견을 달리할지도 모른다. 각종 상을 석권한 레드 카네이션 호텔 그룹의 인사 담당자인 리즈 맥기번은 서비스

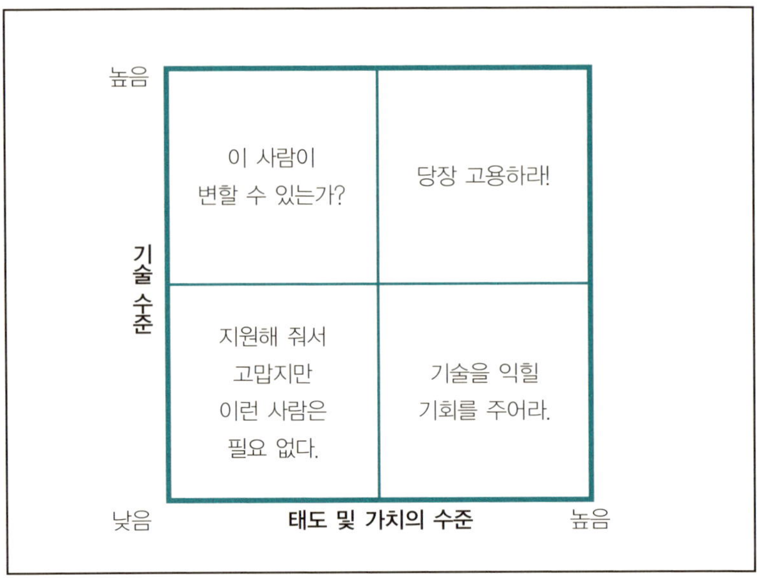

전문가들을 대상으로 면접을 실시할 때 어떤 점을 염두에 두어야 하는지 알려 준다.

우선 나는 직감을 따르지 말라고 충고하지는 않을 것이다. 직감이 탁월한 사람들도 있기 때문이다! 다만, 직감'만' 따르지는 말라고 이야기하고 싶다! 조금 더 과학적인 접근법을 원한다면 다음의 사항들을 유념하라고 권한다.

1. 지원자를 만났을 때와 면접 중에 지원자의 자세나 태도가 어떤지 스스로에게 물어보라. 특히 처음 만나서 악수를 나눌 때 이 질문을 반드시 던져라. 지원자가 원래 잘 웃고 친절하고 상대방과 눈을 잘 맞추는 사람인가 혹은 성격이 외향적이고 당신이 제

시한 일자리에 큰 관시이 있는가를 말이다.

2. 이런 사항들을 통해 지원자가 당신의 고객들을 어떻게 대할 것인지 미리 알아볼 수 있으므로 주목하기 바란다. 지원자들이 당신을 위해 일하는 모습을 머릿속에 그려 보라. 그들이 잔뜩 긴장했더라도 그 모습이 그들의 최고의 모습이라고 생각해야 한다. 일부 말단 자리라면 지원자들이 긴장했다는 것을 어느 정도 감안해도 좋다. 지원자들의 현재 모습보다 서비스 수준이 더 낮은 모습에 만족한다면 너무 쉽게 타협하는 것일 수도 있다.

3. 지원자의 과거 경험에 대해 묻는 것은 유용하다. 하지만 지원자의 대답에서 내가 '교과서적'이라고 부르는 대답이나 가상의 대답이 아닌, 실제로 일어난 기억을 찾고 있다는 것을 명심해야 한다. 전문적인 서비스 능력을 요하는 자리에 지원한 인재를 채용할 때 나는 지원자들에게 불평하고 화를 낸 고객을 상대한 경험에 대해 묻는다. '당시에 어떤 일이 벌어졌는가?', '지원자가 고객의 화를 가라앉히려고 어떤 말을 했는가?', '고객이 그 말에 어떻게 반응했으며 지원자는 고객을 위해 무엇을 제공했는가?', '결과는 어땠는가?'가 그것이다. 관리자에게 문제를 즉각 넘겨준 사람이라면 이런 상황에서 스스로 결정을 내리지 못할지도 모른다. 반면에 지원자가 어떤 아이디어를 내고 어떤 조치를 취해서 고객이 기쁜 마음으로 돌아갔는지에 관한 놀라운 이야기를 듣게 될 수도 있다.

4. 내가 서비스 직종에 지원한 사람들에게 던지는 다른 질문들은

다음과 같다. '고객이 특이한 요청을 했을 때 어떻게 대처했는가?', '마지막 순간에 계획을 변경해야 했을 때 어떻게 했는가?', '더 나은 서비스를 제공하기 위해 회사 규정이나 절차를 어겨야 할 때나 융통성 있게 적용할 때가 있었는가?', '지원자가 자신의 최고의 영업이라고 자부하는 것이 무엇인가?', '부정적인 상황을 긍정적으로 바꾼 적이 있는가?' 등이 그것이다. 실제로 일어난 일을 바탕으로 대답한 지원자들은 흥미로운 사실을 드러내며 당신에게 유용한 정보를 제공한다. 이런 대답을 통해 그들이 미래에 어떻게 행동할 가능성이 큰지도 알 수 있다.

5. 마지막으로, 시간이 될 때 지원자들을 회사에 초대해서 시범적으로 일을 시켜 보라! 직원과 고용인의 관계로 지내게 될지도 모르기 때문에 양측 모두에게 도움이 될 것이다. 지원자들이 당신과 있는 동안 자신의 최고의 모습을 보여 주고 있다는 사실을 잊지 마라.

당신이 인재 채용 전문가든 그저 파트타임으로 사람을 고용하고 싶든, 당신의 직감이 채용 과정의 가장 중요한 부분이다. 직감을 무시했다가는 가장 좋은 인재를 놓칠 우려가 있다.

대본을
효과적으로 활용하라

★ 앞에서 내게 공손하게 신용카드를 요구했던 싱가포르 리츠칼튼 호텔 프런트 직원의 이야기를 기억하는가? 혹시 기억이 안 나는 사람들을 위해 다시 한 번 그녀가 했던 말을 인용해 보겠다.

"헤펠 씨와 헤펠 씨 가족 분들은 저희 호텔에서 다섯 밤을 주무실 예정이시죠? 머무시는 동안 룸서비스를 주문하시거나 바에서 음료를 드실 수도 있고, 부티크에서 옷을 구입하시거나 식당에서 식사를 하실 수도 있을 겁니다. 그럴 경우에 대비해서 저희에게 신용카드 번호를 등록해 두시면 돌아다닐 때마다 현금을 지니고 다녀야 하는 부담을 줄이실 수 있을 것입니다."

그녀가 하루에 몇 번씩 이렇게 말하는지는 모르겠지만, 어쨌든 이것은 굉장히 멋진 대본이다. 그녀는 그 말의 효과를 알기 때문에 계속해서 고객들에게 그렇게 말해왔을 것이다. 물론 단어를 한두 개 바꿨을 수는 있겠지만.

대본의 장점과 단점

대본을 사용하면 고객 서비스가 상당히 쉬워진다. 물론 열정과 진심을 담아 그 내용을 전달했을 경우에 한해서지만 말이다. 대본을 사용하면 대화할 때마다 생각하느라 힘들이지 않고도 적절한 말을 할 수 있고, 손님들이 어떻게 반응할지 어느 정도 예상할 수 있기 때문이다.

대본에는 콘티가 있다. 인상을 찌푸리던 고객을 밝은 표정을 짓게 만드는 것은 근사한 일이다. 또한 대본을 사용하면 자신감 있게 말할 수 있다. 최근에 어떤 직원이 자신의 상사에게 "뭐라고 말해야 할지 몰라서 그냥 아무 말도 하지 않았어요"라고 말했다고 한다. 그때 만약 대본이 있었다면 이는 해결되었을 것이다.

하지만 조심하라. 우리는 단조로운 목소리로 대본을 외워서 말하는 사람을 지금까지 수도 없이 겪어 보지 않았는가. 특히 서로 얼굴을 보지 않고 전화 통화를 하는 경우, 화면에 나온 자막을 그대로 읽고 있다는 사실을 확연하게 드러내는 상담원이 얼마나 많은가. 통화하는 사람의 얼굴이 보이지 않는다고 해서 그 사람에 대해 아무런 느낌이 들지 않는 것은 아니다.

그리고 대본을 이용하면 자칫 창조성이 떨어질 수 있다. 대본대로 말하다가 대본에 맞지 않는 상황이 발생한 경우에는 대본 대신 상황에 맞도록 적절한 말을 해야 한다. 아무리 근사한 대본을 갖고 있다고 해도 상황에 가장 적합한 말을 하기 위해서는 대본을 수정해야한다.

그렇다면 이제 어떤 경우에 대본이 그 진가를 발휘할 수 있는지 살펴보자. 당신이 휴가 때 여행을 하려고 비행기를 예약했는데 여행사 직원이 이렇게 말한다고 상상해 보라.

"몇 주 이내로 비행기 표를 보내 드리고, 출발하시기 2주 전까지 비행기 시간을 최종 확인해 드리겠습니다. 더 궁금하신 사항이 있으면 이 명함에 있는 번호로 전화 주십시오."

이 정도면 좋은 서비스라고 할 수 있을 것이다. 그런데 이렇게 말한다면 어떨까?

"자, 이제 예약이 다 되셨습니다. 몇 주 이내로 비행기 표가 우송될 예정이니 우체부 아저씨가 다녀가실 때 주의해서 살펴봐 주십시오. 아울러 출발하시기 2주 전에는 비행기 시간을 최종적으로 확인해 드리겠습니다. 그때부터는 무척이나 설레시겠지요. 혹여 그동안에 궁금하시거나 요청하실 일이 있으면 언제든지 전화 주십시오. 제 이름은 크리스이고 여기 제 전화번호가 나온 명함이 있습니다. 굉장히 근사한 여행이 될 겁니다."

이렇게 말한다면 5 Star Service가 될 것이다!

효과적으로 대본을 활용하기 위한 세 가지 핵심 사항

1. 어떤 말을 어떤 방식으로 말할지 생각해 보고 그것을 종이에 적는다.

2. 큰 소리로 다섯 번 읽어본다. 소리 내어 읽으면서 그 내용이 마음에 들 때까지 계속해서 고친다. 처음 몇 번은 어색하고 서툴겠지만 일단 기억하고 나면 자연스럽게 말이 흘러나올 것이다.

3. 상황에 따라서 대본과 약간 다르게 말해야 할 때도 있다. 하지만 그런 경우를 제외하고는 대본에 충실한 편이 좋다.

효과적으로 대본을 활용하기 위한 세 가지 핵심 사항

음성안내, 자동응답기의 메시지를 활용하라

누군가에게 전화를 걸면 다음과 같은 음성안내 메시지가 나올 때가 많다.

"저는 지금 통화 중이거나 자리를 비운 상태입니다. 메시지를 남겨 주시면 최대한 빨리 연락드리겠습니다. 삐~ 소리가 난 후, 용건을 말해 주세요."

당신은 이런 메시지를 듣고 사람들이 목소리를 남길 것이라고 생각하는가? 당신의 5 Star Service에 어울리는 독창적인 음성안내 메시지를 만들어서 사람들이 목소리를 남기고 싶은 마음이 들게 만드는 것은 어떨까?

당신이 배관공인데 부재중 음성안내 메시지를 이렇게 한다고 상상해 보자.

"죄송합니다만, 제가 지금 중요한 고객에게 도관 설치 작업을 해 드리고 있어서 전화를 받지 못합니다. '삐~'소리가 난 후에 말씀을 남겨 주서서 제가 고객님께도 똑같은 서비스를 해 드릴 수 있도록 해 주십시오."

이번에는 당신이 인물 사진을 전문으로 하는 사진사인데, 다음과 같이 부재중 음성안내 메시지를 한다고 상상해 보자.

"현재 저는 다른 가족분들께 이 순간을 영원히 간직할 수 있도록 사진을 찍어 드리고 있습니다. 플래시가 터지고 나면 말씀을 남겨 주세요. 펑!"

이번에는 당신이 회계부서에서 일하는데 이런 음성안내 메시지를 남긴다고 상상해 보자.

"죄송하지만 저는 지금 휴식을 취하고 있기 때문에 전화를 받을 수 없습니다. 휴식을 취하고 돌아와서 맑은 정신으로 정확하게 계산하고, 지급을 완료하고, 제때에 명세서를 발송하겠습니다."

그렇다면 어떤 회사의 자동 전화 시스템이 이렇게 시작한다면 어떨까?

"당신께서는 이것이 버튼을 눌러야만 다음 단계로 넘어가는 자동 전화 시스템이라는 사실을 이미 눈치채셨을 것입니다. 저희가 이 시스템을 사용하는 이유는 일을 더 능률적으로 처리하여 궁극적으로는 고객님께 더 많은 이익을 드리기 위해서입니다. 자, 그럼 번호를 눌러 주십시오. 예약 문의를 원하시면 1번, 예약 내용 조회를 원하시면 2번……."

　최근에 휴대전화에 독특한 음성안내 메시지가 나오는 경우가 늘고 있다. 나는 이것이 매우 좋은 아이디어라고 생각한다. 그렇게 하면 그 사람과 실제로 통화하고 있는 듯한 느낌을 줄 수 있기 때문이다. 예를 들면 이런 식이다.

　"오늘은 21일 월요일입니다. 제가 오늘 하루 종일 회의에 들어갈 예정이라 전화를 받을 수가 없으니 메시지를 남겨 주시면 곧 연락드리겠습니다."

하지만 조금 더 상세하고 친근하게 말할 수는 없을까?

"21일 월요일이군요. 저는 아침에는 고객분들과 만났다가 재빨리 점심을 먹고 오후에 우리 회사의 시장 경쟁력을 높이기 위해 고안된 최신 소프트웨어 제품의 신제품 발표회에 갈 예정입니다. 그러니 그냥 끊지 마십시오. 대신 말씀을 남겨 주시면 오늘 오후 늦게나 내일 아침에 출근하자마자 바로 전화를 드리겠습니다."

물론 이런 음성안내 메시지를 제공하는 것이 이 책을 읽고 있는 모든 독자들에게 모두 적합하지는 않을 것이다. 하지만 단언하건대, 절반 정도는 이렇게 할 수 있을 것이다.

그러나 조심해야 한다. 음성안내 메시지를 너무 길고 재미있게 남기면 그 메시지만 듣고 전화를 끊어 버릴 수도 있다. 또 같은 사람이 얼마나 자주 메시지를 남기는지도 생각해야 한다. 전화에 메시지를 남기는 사람이 늘 같은 사람들이라면 음성안내 메시지로 한두 마디만 간단하게 남기는 편이 좋다. 내 친구 중 하나는 이렇게 음성안내 메시지를 남긴다.

"댄입니다. 삐~ 소리 후 말씀하세요."

이렇게 음성안내 메시지가 짧은 댄은 전화요금도 적게 낸다.

자, 이제 행동하라. 지금 당장 음성안내 메시지를 다시 녹음하면서 재미와 모험을 만끽하라.

음성안내에 사용할 만한 멋진 단어 스무 개를 소개한다. 물론 이 단어들을 모두 사용하라는 말은 아니다!

약속 / 감사하는 / 당신 / 변화하는 / 부디 / 감사합니다 / 제일 먼저 / 그립습니다 / 그곳에 / 짧은 / 만들겠습니다 / 확실하게 / 마법의 / 급한 / 신속하게 / 최고의 / 개인적으로 / 안녕 / 훌륭한 / 고맙게 생각하다

♥ **작은 감동**

사람들은 보통 '부재중 안내' 메시지를 작성할 때 그 내용을 생각하는 데 10초, 작성하는 데 30초를 들인다. 휴가를 가기 직전인데 마음이 얼마나 급하겠는가! 나도 안다. 하지만 메시지의 내용에는 자신이 자리를 비운 사이에 급한 상황이 발생할 경우 상대방이 취해야 할 조치와 연락할 사람의 이름이 반드시 들어가 있어야 한다.

그렇게 하지 않으면 고객 혹은 당신의 회사가 위급한 상황을 해결하기 위해 여기저기 전화하고 방문하느라 엄청난 시간을 낭비해야 할 것이다. 최악의 경우에는 당신의 경쟁자에게 전화를 걸어서 일을 맡기는 사태가 벌어질 수도 있다.

전화 서비스로
느낌을 전하라

★ "참 좋은 날이죠? 마이클 헤펠사의 샘입니다. 무엇을 도와드릴까요?"

우리 회사의 직원들은 전화를 받을 때마다 이렇게 말한다. 얼마나 활기차고 즐거운가. 이 말은 들은 사람들은 바로 기분이 좋아져서, 통화를 하는 동안 유쾌한 분위기에서 대화를 할 수가 있다. 그러면 직원들도 그 통화 내용에 집중을 하게 된다.

나는 사무실에 앉아서 직원들이 고객들의 전화에 응답하는 소리를 듣는 것을 매우 좋아한다. 그리고 사무실에 전화를 걸어서 직원들이 전화에 응답하는 소리를 직접 듣는 것도 아주 좋아한다.

하지만 다른 회사에 전화를 걸 때는 어떤가? 당신도 알 것이다. 어떤 느낌을 받게 되는지. 사람들은 자기 회사의 이름을 불쑥 내뱉고는 너무나 무성의한 목소리로 이렇게 말한다.

"무엇을 도와드릴까요?"

"A사입니다. 무엇을 도와드릴까요?"

하지만 대개는 회사의 이름만 말한다.

"A사입니다."

너무 단조롭고 무성의하다. 5 Star Service와는 전혀 거리가 멀다. 이를 개선하기 위해 첫 번째로 해야 할 일은 전화받을 때 뭐라고 응답할지 생각해 보는 것이다. 꼭 "참 좋은 날이죠?"로 시작할 필요는 없다. 하지만 전화 응답 멘트를 지금보다 더 친근하고 성의 있는 말로 바꿀 필요는 있다.

이제 A라는 가상의 회사가 사용할 수 있는 전화 응답 멘트 몇 가지를 살펴보자.

- "전화 주서서 감사합니다. 저는 A사의 헤더입니다. 무엇을 도와드릴까요?"
- "안녕하세요, 저는 A사의 헤더입니다. 무엇을 도와드릴까요?"
- "시간 내어 저희 A사에 전화 주서서 감사합니다. 제가 오늘 무엇을 도와드릴 수 있을까요?"

만일 당신이 별 한 개에 전화를 건 사람이라면 어떤 응답을 듣고 싶은가? 그리고 당신이 별 한 개의 직원이고 방금 전화에 응답했다면 다음에는 어떻게 해야 할까?

누군가와 통화를 하는데 상대방이 당신의 말에 전혀 관심을 가지지 않는다는 느낌을 받은 적이 있는가? 그렇다면 그것은 상대방이 실제로 당신의 말에 관심이 없었던 것이다. 상대방은 적절한 때에 적절한 말을 했겠지만 그 사람의 말투나 목소리의 톤은 다른 메시지를 보냈을 것이다.

그렇다면 이제 당신은 깨달았을 것이다. 통화하는 사람의 얼굴이 보이지 않는다고 해서 그 사람에 대해 '아무런 느낌이 들지 않는' 것은 아니라는 것을 말이다. 그렇기 때문에 누군가와 전화로 대화할 때는 신체 언어와 목소리의 톤을 조금 과장하는 것이 좋다. 그것을 위해 여기에 몇 가지 방법을 소개한다.

1. 똑바로 앉거나 아예 일어선다.

2. 약간 위쪽을 쳐다본다.

3. 웃는다. 상대방은 당신이 웃고 있다는 것을 느낄 수 있다.

4. 주위에서 어떤 일이 일어나도 통화에만 집중한다.

5. 통화하고 있는 상대방의 모습을 머릿속에 그려 본다. 단, 행복
하고 즐거운 모습이어야 한다.

6. 상대방의 이름을 불러준다.

7. 통화를 끝낼 때 진심을 담아 감사하다고 말한다.

통화할 때마다 이 일곱 가지 사항을 실천해 보라. 얼마 지나지 않아서 대화의 분위기가 달라지고 고객의 태도가 변하는 것을 느낄 수 있을 것이다. 하지만 이 정도로 만족하지 않고 정말 뛰어난 전화 서비스를 제공하고 싶다면, 다음에 올 '한 차원 높은 전화 서비스를 구현하라'를 참조하라.

한 차원 높은 전화 서비스를 **구현**하라

★ 지금까지 5 Star Service를 실현하는 데 필요한 전화 서비스의 기본적인 요소를 살펴보았다. 그렇다면 그다음으로는 무엇을 해야 할까?

5 Star Service를 실현하는 사람들에게는 공통적인 습관이 있는데, 다른 사람들이 이상으로 삼을 만한 습관이라고 할 수 있다. 물론 처음에는 이런 습관이 조금 복잡해 보일지도 모른다. 하지만 실천에 옮기다 보면 금방 익숙해질 것이다.

언어 반영

당신은 아마 사람 사이의 관계를 구축하기 위한 방법인 '맞춤과 반영'에 대해 들어 본 적이 있을 것이다. 인간관계에 아주 효과적인 방법인데, 대부분의 사람들은 상대방과 직접 대면할 때에만 그 방법을 사용한다. 하지만 전화 통화에서도 그 방법은 직접 만났을 때 못지않게 효과적이다.

다음은 전화 통화 시 상대의 언어를 반영하기 위해 간파해야 할 세 가지 요소이다.

1. 핵심 단어
2. 개인적인 문구
3. 시각, 청각, 감각적 단서

우선 핵심 단어와 개인적인 문구부터 시작해 보자. 전화 통화를 하면서 상대방이 말하는 내용의 핵심 단어를 파악하고 종이에 적는다. 핵심 단어는 대화 도중에 강조되기 때문에 파악하기가 쉽다. 핵심 단어의 파악이 끝나면 당신은 대화 도중 상대방이 쓰는 핵심 단어나 개인적인 문구를 적어도 세 개 이상 반복해서 써 주어야 한다.

사업차 여행을 하는 사람이 호텔에 전화를 걸어 방을 예약한다고 가정해 보자.

"저는 조용하며 크고 좋은 침대가 있는 방을 잡고 싶은데요. 창밖의 전경은 아무래도 상관없습니다. 어차피 저는 계속 일하면서 방에서 식사를 해결해야 하거든요. 그 호텔에는 방에 콘센트가 많이 있나요?"

이 여행객은 두 군데의 호텔에 전화를 걸었다. 아래에 나오는 각각의 답변을 보고 어느 호텔을 선택했을지 예상해 보라.

첫 번째 호텔 : "저희 호텔 서쪽에 퀸 사이즈 침대가 있는 방이 비어 있습니다. 저희 호텔의 '미식가'라는 룸서비스를 24시간 내내 이용하실 수 있고, 방마다 인터넷과 240V짜리 콘센트가 설비되어 있습니다."

두 번째 호텔 : "저희 호텔에서 가장 조용하며 크고 좋은 침대가 있는 방이 비어 있습니다. 방에서 식사를 해결하실 수 있도록 언제든지 도와드릴 수 있으며, 방에는 콘센트가 많이 있습니다."

첫 번째 호텔의 직원은 정확하긴 하지만, 안내책자에 나온 정보를 그대로 전했을 뿐이다. 이 여행객은 퀸 사이즈 침대나 '미식가'라는 룸서비스, 240V의 콘센트에는 전혀 관심이 없다.

두 번째 호텔의 직원은 고객의 말을 주의 깊게 들으면서 받아 적은 뒤 핵심 단어와 개인적인 문구 몇 가지를 반복해서 사용했다. 고객이 '크고 좋은 침대'를 원했기 때문에 '크고 좋은 침대'가 있다고 말해주었고, '방에서 식사를 해결하고 싶다'고 했기 때문에 '방에서 식사를 해결 할 수 있다'고 말해 주었다.

두 번째 직원이 말한 간단한 두 문장에서 고객이 말한 단어가 얼마나 많이 나오는지 한번 세어 보라. 이 방법은 매우 효과적이면서도 굉장히 재미있다. 한번 해 보라. 즐겨 사용하게 될 것이다.

고객	잘못된 대답	바람직한 대답
지금 당장 그게 필요해요	빨리 보내드리겠습니다	지금 당장 보내드리겠습니다
제가 들어갈 방이 있나요?	빈 방이 있습니다	들어오실 방이 있습니다
요금이 얼마죠?	비용은……	요금은……
진홍색으로 해주세요	빨간색밖에 없습니다	진홍색으로 해드겠습니다
유제품이 들어 있나요?	우유가 들어 있지 않습니다	유제품이 들어 있지 않습니다
이거 반품할 수 있을까요?	회수하겠습니다	네, 반품하실 수 있습니다

이제 사람을 직접 만나거나 전화 통화를 할 때 잘못된 대답에는 어떤 것들이 있는지, 세세한 부분에서 얼마나 실수하기 쉬운지, 그리고 그 대신 어떻게 말하는 것이 좋은지 살펴보자.

주된 스타일

지금까지 핵심 단어와 개인적인 문구에 대해 살펴보았으니 이제 사람들의 주된 스타일에 대해 살펴보자. 사람들은 대부분 아래의 세 가지 중 한 가지 스타일에 해당된다.

- 시각적인 스타일
- 청각적인 스타일
- 감각적인 스타일

시각적인 스타일의 사람과 통화할 때 당신은 상대방이 시각적인 '단서'를 사용하고 있다는 사실을 알아차릴 수 있을 것이다. 예를 들어 이런 말을 하는 것이다.

"그 회사 제품을 봤는데 굉장히 근사해 보이더군요. 혹시 안내책자를 보내주실 수 있나요? 좀 더 자세히 살펴보고 싶어서요."

그런가 하면 청각적인 스타일의 사람과 통화를 할 때는 상대방이 청각적인 단서를 사용하고 있다는 사실을 인식할 수 있을 것이다. 예를 들어 이런 말을 하는 것이다.

"그 회사 제품에 대해서 들었는데 굉장히 근사하게 들리더군요. 그 제품에 관해서 조금 더 말씀해주실 수 있나요? 더 자세한 사항을 듣고 싶어서요."

또 감각적인 사람과 통화할 때는 상대방이 감각적인 단서를 사용하고 있다는 사실을 인식할 수 있을 것이다. 예를 들어 이런 말을 하는 것이다.

"그 회사 제품에 대해 좀 아는데 제가 관심을 가질 만한 제품처럼 느껴지더군요. 그 제품의 기능에 대해 자세히 알려 주실 수 있나요? 향후 계획도 좀 알려 주시고요."

당신은 이 세 가지 타입의 사람들이 각각 다른 속도로 말한다는 사실도 깨달을 수 있을 것이다. 시각적인 사람들은 말을 굉장히 빠르게 하는 경향이 있다. '백문이 불여일견'이라는 속담도 있듯이 시각적인 사람들은 자신이 머릿속에 그리고 있는 그림에 꼭 맞는 말을 찾아내기 위해 수없이 많은 말을 쏟아 낸다. 그에 비해 청각적인 사람들은 더 천천히 말하고 더 폭넓은 단어를 사용하는 경향이 있다.

감각적인 사람들은 말하는 속도가 매우 느리고 말이 중간중간 끊기는데, 그것은 자신의 느낌을 읽어 내면서 말하려 하기 때문이다. 만일 시각적인 사람들과 청각적인 사람들이 감각적인 사람들과 대화를 하면 그들은 답답해하면서 상대방의 말을 끊으려 할 것이다. 감각적인 사람들은 이것을 아주 싫어한다. 그러므로 감각적인 사람들과 통화할 경우에는 그들이 스스로 말을 끝낼 때까지 기다려 주어야 한다.

이렇게 하면 당신은 대화 초반에 상대방의 주된 스타일을 파악하고 대화에 재미를 느낄 수 있다. 그런 다음에 남은 대화를 하는 동안 상대방의 스타일에 맞추어 대화하면 된다.

그렇다면 우리가 상대방의 스타일을 파악하고 그 스타일에 따라 대화해야 하는 이유는 무엇일까? 그것은 사람들이 기본적으로 자신과 비슷한 사람을 좋아하기 때문이다.

다시 말해서, 당신이 누군가의 주된 스타일을 파악하고 그 스타일대로 말한다면 그 사람은 무의식중에 당신이 자신과 비슷한 사람이라고 생각하게 된다. 그리고 당신이 자신과 비슷한 사람으로 인식되어 좋아진다면, 당신은 더 훌륭한 고객 서비스를 창출할 수 있다.

다른 모든 기술이 그런 것처럼, 이 기술도 해보면 해볼수록 쉬워진다. 그리고 머지않아 당신은 상대방의 목소리 톤, 스타일, 미묘한 특징을 포함한 전체적인 분위기를 그대로 반영할 수 있을 것이다.

다음은 이때 주목해 볼 만한 핵심 단어와 문구들이다.

시각	청각	감각
보이다	들리다	느끼다
보다	귀 기울이다	단단한
그리다	듣다	~을 조작하다
마음에	그리다	만지다
드러내다	공감을 불러일으키다	붙잡다
상상하다	침묵	구체적인
보여 주다	굉장히 시끄러운	쓰다듬다
명백한	유심히 듣다	손가락으로 만지작거리다
이미지	조용하게 하다	직감적인

하지만 완전히 시각적이거나 청각적이거나 감각적인 사람은 거의 없다. 대부분의 사람들이 세 가지 요소를 모두 가지고 있다. 하지만 사람들에게는 의사소통할 때 주로 나타나는 주된 스타일이 분명히 있으며, 당신은 그것을 주의 깊게 듣고 느끼고 반영해야 한다.

고객들도 마법의
순간이 필요하다

★ 당신에게는 대단한 일이 아닐 수도 있지만 고객에게는 매우 중요한 일일 수 있다. 그 일이 얼마나 중요한지를 결정하지는 못하더라도 당신이 그 일에 관심을 얼마나 가질 것인지는 결정할 수 있다.

언젠가 숙박 요금이 지나치게 비싼 런던의 어느 호텔에서 고객을 기다리고 있었는데, 미국인 여성이 호텔로 들어오면서 새로 발견한 사실에 대해 입이 침이 마르도록 이야기하는 광경을 보게 되었다. 그녀는 안내원을 붙잡고 길을 잘못 든 것이 얼마나 행운이었는지 들려주었다. 내가 들었던 내용은 대강 이렇다.

"글쎄, 호텔로 돌아오는 길에 길을 잘못 들었다가 외진 동네에 떨어졌지 뭐예요."

안내원은 "길을 어떻게 잘못 들어도 런던 중심부에서 외진 동네에 떨어질 일은 거의 없습니다"라고 소리 지르는 듯한 표정을 감추지 않았다. 여자는 말을 이어갔다.

"그런데 길을 잃기를 오히려 잘한 거 있죠? 가다가 정말 마음에 드는 작은 공원을 봤거든요."

그녀는 지도를 꺼내더니 손으로 가리키며 '바로 여기예요!'라고 탄성을 질렀다. 이때 안내원이 할 수 있는 말은 50가지는 되었을 것이다. 그런데 그가 한 말에 나는 경악을 금치 못했다. 그는 지도를 들여다보더니 이렇게 말했다.

"거기 공원 있는 거 알아요. 매일 그쪽으로 지나가거든요."

신이 났던 여자는 금세 허망한 표정을 지었다. 안내원이 그녀의 행복을 깨뜨리고 소중한 순간을 망친 것이다.

그렇다면 안내원은 어떤 말을 대신할 수 있었을까? 이런 말은 어떤가?

"어디 한번 봅시다. 와, 호텔에서 이렇게 가까운 데에 이런 멋진 곳이 있었군요! 마침 그 길로 걸어서 출근하는데요, 내일 한번 자세히 보겠습니다. 알려 주서서 감사합니다."

그리고 다음날 여자가 방에서 공원을 추천해 줘서 고맙다고 적힌 쪽지를 발견한다면 어떤 기분이 들지 생각해 보라. 쪽지에 고객이 알려 준 대로 아침에 그 공원을 지나왔다고 적혀 있으면 금상첨화일 것이다.

나는 그 후 15분간 문제의 안내원을 유심히 관찰했다. 그는 길을 추천하고, 식당 예약을 돕고, 영업 시작 시간을 안내했으며, 도시의 명소에 대한 알짜배기 정보를 제공했다. 하나같이 그를 돋보이게 하고, 그의 자부심을 높여주고, 그의 기분을 좋게 해주는 장면이었다. 그가 고객들에게도 그런 기분을 느끼게 해주지 못한 것이 유감스러울 뿐이었다.

여기 고객들이 마법을 경험하도록 도울 수 있는 다섯 가지 방법을 소개하겠다.

1. 당신은 수백 번 들은 이야기도 고객은 처음 듣는다는 사실을 명심하라.
2. 고객의 이야기에 적극적으로 귀를 기울여라. 고개를 끄덕이고 질문을 던지고 그 순간을 생생하게 만들어라.
3. 후속 조치를 취하라. 다음번에 그 고객을 보게 될 때 고객의 기분을 더 좋게 할 만한 말을 덧붙여라.
4. 고객에게서 얻은 정보를 다른 사람들과 공유하고 정보 출처를 분명히 밝혀라.
5. 그 순간에 충실해라. 물론 말로 하기는 쉽다. 고객을 대할 때는 고객에게 100퍼센트 집중하라. 전화 통화를 하면서 이메일을 확인하거나 한눈팔지 마라. 그다음에 할 일을 계획하거나 방금 일어난 일을 되짚지도 마라. 그 순간만큼은 고객만을 위해 존재하라.

이름을 기억하고
불러 주어라

★ 이름. 그것은 모든 것을 의미한다. 만일 당신이 누군가의 이름을 지속적으로 불러 주고 그 이름에 대해 진정으로 신경을 써 준다면, 당신은 기대했던 것 이상의 보답을 받게 될 것이다. 왜냐하면 자신의 이름을 너무 많이 듣는다고 해서 피곤해하는 사람은 드물기 때문이다. 아니, 그런 사람은 거의 없다고 해도 무방하다.

아래의 물음에 대한 두 가지 대답에는 어떤 이름을 넣어도 상관없지만, 편의상 내 이름인 '마이클' 혹은 '헤펠 씨'를 넣었다.

"안녕하세요. 저는 마이클 헤펠이라고 하는데요. 제 신발이 다 되었는지 확인 좀 해 주시겠어요?"

"잠시만요, 체크해 보겠습니다. 앞으로 3일 후면 다 될 것 같은데,

괜찮으시겠어요? 다른 문의사항은 없으신가요?"

혹은 다음과 같이 대답할 수도 있다.

"안녕하세요, 헤펠 씨. 전화 주셔서 정말 감사합니다. 음, 당신을 마이클 씨라고 불러도 될까요? 지금 바로 신발이 다 준비되었는지 한번 체크해 보겠습니다. (잠깐 동안 침묵) 아, 마이클 씨. 앞으로 3일 정도 더 걸릴 것 같은데 괜찮으시겠어요? 혹시 다른 문의사항은 없으신가요?"

이처럼 두 문장에 한 번꼴로 상대방의 이름을 불러 주는 것은 전혀 지나친 일이 아니다. 게다가 상대방의 이름을 부르다 보면 그 이름을 기억할 수도 있게 된다. 당신도 잘 알겠지만, 전혀 기대하지 않았는데 누군가가 본인의 이름을 기억하고 불러 주는 것만큼 기분 좋은 일도 없다. 앞의 리츠칼튼 호텔의 사례에서도 당신은 보지 않았는가.

하지만 이름을 말로 하지 않고 편지에 쓰는 경우라면 어떨까? 사람들은 늘 내 성의 철자를 잘못 표기한다. Heppel, Hepple, Heppal, 심지어는 Hepull이라고 쓰는 사람도 상당히 많다. 그래서 나는 누군가가 "성의 철자가 어떻게 되시지요?"라고 물은 다음, 내 대답을 따라 다시 한 번 읽어 주는 것을 굉장히 좋아한다. 가까운 친구 중에 성이 프랜키스(Frankeiss)인 친구가 있는데, 만일 이 친구가 다른 사람에게 자기 이름을 잘못 표기할 때마다 1페니씩 받았다면 백만장자가 되었을 것이다.

우리는 다문화 사회에서 살고 있기 때문에 새로운 이름과 스펠링을 수없이 듣는다. 따라서 대부분의 사람들은 자신의 이름을 어떻게 발음해야 하는지 혹은 어디서 유래했는지 등과 같은 질문을 들어도 별로 기분 나빠 하지 않는다.

누군가의 이름을 처음으로 들을 때 나는 이렇게 묻는다. "그 이름이 어디서 유래했죠?", "이름이 무엇을 뜻하나요?"라고 말이다. 장담하건대, 자신의 이름이 무슨 뜻인지 알기만 한다면, 그들은 신이 나서 자기 이름의 의미를 이야기해 줄 것이다.

하지만 안타깝게도 사람들은 자신의 이름을 잘 말하지 않는다. 따라서 사람들의 이름을 알아내는 것은 당신의 몫이다. 나는 의식적으로 사람들의 이름을 알아내려고 하고 있고, 진심으로 그 이름에 관심을 가지려고 노력한다.

사람들은 상대방의 마음이 진심이 아닌 경우에는 그것을 느끼게 마련이다. 그러니 진심으로 관심이 가지 않는 상대에게 관심이 있는 척하지 마라. 금방 들통나고 말 것이다.

다음은 내가 하는 전형적인 통화 내용이다.

"안녕, 웬디? 오늘도 바빠요?"

이에 대한 상대방의 대답을 듣고 나면 나는 다시 한 번 상대방의 이름을 부른다.

"웬디, 수잔과 다음 주 초로 약속 좀 잡아 줄 수 있어요? 물론 수잔이 바쁘다는 건 잘 알아요, 웬디. 하지만 당신이라면 내가 수잔과 30분 동안 만나도록 해 줄 수 있을 거라고 생각해요. 웬디, 그렇지 않나요?"

나는 다른 사람에게 5 Star Service를 받고 싶을 때에도 늘 의식적으로 상대방의 이름을 부르려고 노력한다. 많은 사람들이 낯선 사람보다는 자신의 친구에게 더 잘해 준다는 사실을 알고 있기 때문이다. 보통 친구 사이에는 서로 이름을 부르지 않는가. 5 Star Service를 받는 고객이 되는 방법을 더 자세히 알고 싶은 독자들은 내 홈페이지에 들러 다섯 장 분량의 무료 자료를 받아 보기 바란다.

당신은 어떨지 모르겠지만 나는 모든 사람들이 이름표를 달고 참가하는 자리에 가는 것을 아주 좋아한다. 하지만 놀랍게도 많은 사람들이 여전히 상대방의 이름표를 보지 않고 대화에 임한다. 기억을 더듬어야 할 필요도 없고 그저 이름표를 잠깐 쳐다보기만 하면 상대방의 이름을 알 수 있는데도, 그래서 잠시 후에 그 이름을 불러주기만 하면 되는 쉬운 일인데도 말이다.

많은 기업들이 직원들의 이름과 사내 전화번호를 홈페이지에 띄워 놓고 있다. 따라서 당신이 어떤 기업에 전화를 걸 일이 있다면 그 전화번호를 참조해서 담당자의 이름을 알아낸 뒤 그 사람을 바꿔 달라고 하는 편이 좋다. 부서와 직책보다는 이름을 말하는 편이 훨씬 효과적이고 좋은 대우를 받을 수 있기 때문이다.

모든 사람에게 본인 이름은 세상에서 가장 듣기 좋은 말이다. 그러니 이름을 자주 불러 줘라.

누군가를 처음 만날 때 혹은 처음 통화할 때 그 사람의 이름을 기억할 수 있는 간단한 방법 두 가지를 소개한다. 이를 충실히 익혀 상대의 이름을 기억하기 바란다.

1. 상대방의 이름을 반복해서 부른다. 대화 초반에는 적어도 세 번 이상 반복해서 부른다. 그러면 그 이름을 기억할 가능성이 60% 이상 높아진다. 머릿속으로도 그 이름을 여러 번 반복한다. 이 역시 기억하는 데 도움이 된다.
2. 상대방의 이름을 그 사람의 외모 중 눈에 띄는 부분과 연결시켜서 하나의 이미지로 만든다. 이미지가 기괴할수록 이름이 더 기억에 남는다. 사람의 뇌는 색깔과 유머, 기괴한 이미지를 굉장히 좋아하기 때문이다.
예를 들어, 당신이 긴 코트를 입고 있는 피터 그린(Peter Green)이라는 사람을 만났다면 밝은 녹색(Green)의 완두콩(Pea)이 코트를 뚫고(Tear) 나오는 장면을 상상해 보는 것이다. 괴상한 이미지라는 것은 나도 안다. 하지만 확신하건대 이 책을 다 읽고 나면 당신의 머릿속에는 다른 어떤 이름보다도 피터 그린이라는 이름이 남아 있을 것이다.

가장 대중적인 이름 열 개의 의미를 찾아보고 대화 도중에 그 정보를 활용한다. 당신이 전화 통화를 자주 하는 사람이라면 그것을 종이에 적어 놓고 통화할 때마다 참고해도 좋을 것이다.

경쟁관계를 인식하고
기대 수준에 맞춰라

★ 당신의 경쟁 상대는 누구인가? 그리고 최근에 자신에게 그런 질문을 해 본 적은 언제인가?

아마도 당신은 최근에 경쟁사의 현황과 경쟁사를 따라잡기 위한 방책을 알아내기 위해 상당한 비용을 내고 리서치 회사에 의뢰를 했을지도 모른다. 혹은 동료들과 자신을 비교하면서 누가 자신보다 뛰어난지, 누가 자신과 비슷한 수준인지를 가늠해 보았을 수도 있다. 아니면 최근에 그런 생각을 전혀 해 보지 않았을 수도 있다.

하지만 당신의 경쟁 상대가 누구인지 알든 모르든 그건 중요하지 않다. 왜냐하면 당신의 진정한 경쟁 상대는 바로 모든 사람이기 때문이다! 그렇다. 우리는 모든 사람과 경쟁해야 하는 세상에 살고 있다.

그렇다면 나는 이 사실을 어떻게 알게 되었을까? 나도 한 사람의 고객이기 때문에 알 수 있었다. 나는 제품이나 서비스를 선택할 때, 단지 그 제품이나 서비스에 대한 단편적인 선호도만 비교하는 것이 아니라 그 제품과 서비스를 판매하는 기업에 대한 전반적인 경험을 비교한다.

나는 내 욕구를 충족시키는 하나의 기업과 다른 기업의 서비스 방식을 서로 비교한다. 하나의 조직이 내게 주었던 느낌과 그와 완전히 다른 한 조직이 내게 주었던 느낌을 비교해 보는 것이다. 그것은 공정한 일은 아니지만 엄연한 현실이다. 아마 당신도 나와 마찬가지일 것이다.

여행 중에 어떤 호텔에 묵으면서 '이 호텔이 X호텔처럼 서비스가 좋았으면' 하고 생각해 본 적이 있지 않은가? 혹은 어떤 카센터에서 차 수리를 받으면서 '이 카센터가 Y카센터처럼 잘해 주었으면' 하고 생각해 본 적이 있지 않은가? 장담하건대 누구나 그런 생각을 해 본 적이 있을 것이다.

최근에 버진 트레인을 탄 적이 있었는데 누군가가 기차 내 간이식당인 '게리 럭키 맥럭키'에 대한 안내방송을 했다. 그러자 그 방송을 듣고 기차에 타고 있던 승객들 모두가 그의 기지 넘치는 안내 멘트에 폭소를 터뜨렸고, 갑자기 식욕을 느꼈다. 그리고 우리 줄에 있던 사람들이 이렇게 말했다.

"세상에 저런 사람이 더 많았으면 좋겠어."

나는 그들에게 이렇게 물었다.

"본인이 그런 사람이 되고 싶지는 않으세요?"

앞으로 나는 안내방송을 들을 때마다 그것이 어떤 종류의 방송이든 상관없이 게리 럭키 맥럭키에 대한 방송과 비교하게 될 것이다. 불공평한 일이지만 이것이 현실이다. 그리고 같은 맥락에서, 당신은 아래에 나오는 모든 사람들과 경쟁관계에 있다.

- 당신보다 전화를 빨리 받는 사람
- 당신보다 주문을 빨리 처리하는 사람
- 더 자주 기대치를 상회하는 사람
- 전화 통화 시 목소리가 더 친절한 사람
- 가치에 더 충실한 사람
- 고객의 요구를 더 확실하게 이해하는 사람
- 당신이 노력하면 그보다 다섯 배 더 노력하는 사람

그렇게 모든 면에서 세계 최고인 사람과 경쟁하면 어떤 느낌이 들까? 굉장히 힘들 것이다!

하지만 좋은 소식도 있다. 당신은 자신이 치열한 경쟁 속에서 살고 있다는 사실을 이미 알고 있지만, 세상을 살아가는 사람들 대부분은 아직도 이 사실을 모르고 있다는 점이다. 이것은 당신이 선발 주자로서 이점을 누릴 수 있다는 것을 의미하며, 경쟁자가 이 책을 읽지 않는 한 지금부터 더 많이 노력해서 경쟁자와 현저한 차이를 만들 수 있다는 것을 의미한다. 요즘에는 '서비스'라는 기치를 너무 많이 내걸고 있기 때문에 고객들은 모든 것이 뒤섞여 있는 복합적인 상황에서도 서비스를 비교한다. 중요한 것은 이런 상황에서 무엇을 해야 하는지를 아는 것이다.

이제 다음 단계로 넘어가자. 고객이 더 이상 단편적으로 제품만을 비교하지 않는다면 당신은 어떻게 해야 할까?

당신이 의류매장에서 일하고 있다고 해 보자. 고객 한 명이 의류매장을 향해서 걸어오고 있다. 이 고객은 몇 시간 전에 근사한 서비스를 제공하는 일류 항공사의 비행기에서 내렸다. 그리고 엄청나게 친절한 기사가 마중 나와서 근사하고 깔끔한 택시로 이 고객을 호텔까지 데려다 주었는데, 그 호텔의 직원들은 초능력이 있어서 고객이 자신에게 무엇이 필요하다고 생각하기도 전에 미리 알아채고 모든 것을 준비해 주었다. 그러고 나서 이 고객이 당신의 가게로 걸어오고 있다.

자, 이 고객은 당신에게 무엇을 기대하겠는가? 그렇다. 이제 이 고객의 기대 수준은 굉장히 높아졌다. 5 Star Service를 제공받지 않는다면 이 고객은 이내 실망할 것이다. 그러나 이 고객이 당신의 가게에 오기 전에 비행기를 탔는지, 택시를 탔는지, 호텔에 갔는지 혹은 집에 있었는지 당신은 아무것도 모른다. 하지만 확실한 것은 이 고객이 무의식중에라도 당신의 서비스를 최근에 다른 곳에서 받았던 서비스와 비교하게 되리라는 점이다. 바로 거기에 당신이 성공 요인이 있다.

당신의 가게로 들어오는 사람들 대부분은 비행기에서 근사한 서비스를 받지 않았을 것이고, 친절한 기사가 모는 택시를 타지도 않았을 것이며, 초능력을 보유한 직원들이 있는 호텔에 투숙하지도 않았을 것이다. 그들은 사람들과 말다툼을 벌인 나머지 지쳐 있거나 주차할 장소를 찾지 못했거나 관공서에 갔는데 점심시간이라서 다시 되돌아와야 했거나 형편없는 서비스를 받았을 것이다.

그렇기 때문에 당신이 5 Star Service를 해주면 그들은 조금 전에 경험했던 형편없는 서비스와 비교하며 당신의 서비스를 굉장히 높게 평가할 것이다.

네 가지 핵심 사항

당신은 서비스를 할 때 다음의 네 가지를 이해해야 한다. 물론 이는 경쟁사회라는 구도에서 이해해야 할 것들이다.

- 대부분의 사람들은 제품만을 놓고 비교하지 않고 제품을 만든 회사에 대한 전반적인 경험을 놓고 비교한다.
- 당신의 경쟁자들은 대부분 형편없는 서비스를 제공한다.
- 1인자가 되려면 늘 5 Star Service를 해야 한다.
- 당신의 5 Star Service는 형편없는 서비스와 비교될 것이고, 때문에 더욱 돋보일 것이다.

고객 서비스의
속도를 높여라

★ 우리는 무엇을 바라는가? 5 Star Service를 바란다. 5 Star Service를 언제 받기를 바라는가? 바로 지금 당장 받기를 바란다.

요즘 들어 고객 서비스를 하는 데 속도의 중요성이 과거 어느 때보다도 커졌다. 사람들은 넓은 집과 좋은 차를 갖기 시작하면서 더 많은 휴가를 즐기고 싶어 하고 더 많은 것을 요구하게 되었지만, 문제는 그렇게 할 만한 시간이 없어졌다. 따라서 고객들의 시간을 절약해 주는 것은, 곧 좋은 서비스를 의미한다. 그러니 5 Star Service를 실행하고 싶다면 고객들의 시간을 절약해 줘라!

이제 핵심을 보여 주는 확실한 예시 몇 가지를 살펴보자.

'줄을 서야 하는가, 안 서도 되는가?'라는 것은 문제가 된다. 만일 줄을 꼭 서야만 한다면, 사람들은 적어도 줄 서 있는 시간 동안에는 불편하지 않기를 바란다. 일부 학자들은 자기 앞에 있는 사람들의 숫자가 줄어들고 있다는 것을 고객들이 눈으로 볼 수만 있다면 줄 서는 것을 그다지 꺼리지 않는다고 주장하기도 한다. 하지만 가장 좋은 것은 줄을 서지 않는 것이다.

무엇인가를 주문하면 당신은 그것을 언제 받고 싶은가? 지금 당장 받고 싶을 것이다! 나는 전화로 물건을 주문할 때면 "오늘 배송될 것입니다"라는 말이 들려오기를 항상 기대한다. 물건 배달에 한 달씩 걸리던 시대는 이미 지났다.

또 인터넷을 이용할 때는 클릭한 홈페이지가 즉시 뜨기를 바란다. 하지만 일부 웹사이트는 근사하긴 하지만 로딩하는 데 오랜 시간이 걸리는 방문을 환영하는 동영상 때문에 한참을 기다려야 한다.

그렇다면 이렇게 중요한 며칠, 몇 시간, 몇 분, 몇 초를 절약하기 위해 무엇을 어떻게 해야 할까?

첫 번째 단계: 자신이 고객이라고 생각하고 자신에게 물어본다. '나는 이 서비스를 받는 데 얼마나 오래 기다릴 준비가 되어 있는가?'라고 말이다. 그러고 나서 자신이 답한 시간을 반으로 나눈다. 그것이 고객이 기다릴 수 있는 시간이다. 사람들은 대부분 당신처럼 참을성이 많지 않기 때문이다. 이제 목표가 정해졌다. 그 시간 동안 일을 해내야 한다!

두 번째 단계: 일 처리 과정을 살펴보고 모든 단계를 목록으로 작성한다. 그리고 각 단계마다 이렇게 물어본다. "이 단계에서 어떻게 시간을 절약할 수 있을까?"라고 말이다. 이 과정을 효율적으로 실행하려면 뒤에 소개할 '방해꾼과 영웅 게임을 즐겨라'에 나온 시스템을 활용하기 바란다.

세 번째 단계: 목록을 작성하고 계획을 짠다. 그러고 나서 각 단계를 시간, 분, 초 단위로 나눈다. 시간을 절약하기 위해 보상 시스템을 만들어서 적용할 수도 있을 것이다. 기억하라, 1분 1초가 중요하다. 10초를 절약하는 방법 여섯 가지와 30초를 절약하는 방법 네 가지를 생각해내면 기다리는 시간을 3분이나 절약할 수 있다. 3분은 고객에게 큰 영향을 줄 수 있는 시간이다.

네 번째 단계: 속도를 빠르게 하기 위해 서비스의 질을 희생하고 있지는 않은지 점검하라. 서비스의 속도와 질이 적절하게 조화를 이루어야 하는데도 불구하고 많은 기업, 특히 콜센터들이 최근에 고객 응대에 들어가는 시간을 무리하게 단축시킨 사실이 드러났다. 일부 콜센터 직원들은 최초의 전화 통화에서 충분한 대답을 듣지 못한 고객들이 다시 전화를 걸어와서, 오히려 처음보다 더 많은 시간이 들어가는 경우가 종종 발생한다고 말한다.

다섯 번째 단계: 실제로 해보라. 뭐든지 실제로 해보기 전에는 효과

가 있는지 없는지 알 수 없기 때문에 구상한 방안은 반드시 실행해 보아야 한다. 장담하건대, 전국의 수많은 사무실에 실행에 옮겨지지 않은 수천 가지의 훌륭한 방안들이 고스란히 플립차트에서 잠자고 있을 것이다.

여섯 번째 단계: 방안이 잘 시행되고 있는지 분기마다 한 번씩 점검하라. 아무리 훌륭한 방안을 시행해도 정기적으로 점검하지 않으면 중간에 흐지부지되기 쉽다.

반복되는 과정을 체계화하고
예외를 존중하라

★ 모히토 한 잔을 만드는 데 시간이 얼마나 걸릴까? 이비자(Ibiza)에 있는 블루 말린 비치클럽에서는 30초도 안 되어 칵테일이 완성되지만 해변을 따라 더 올라가면 거기에서는 4분이나 걸린다. 두 군데 모두 모히토를 14유로에 판매한다면 당신은 어느 바를 소유하고 싶은가?

나는 여기에 쓸 내용을 조사하려고 8월의 어느 날 아주 쾌적한 오후에 블루 말린의 직원들이 일하는 모습을 지켜보았다. 그들이 예외적인 상황을 어떻게 처리하는지, 고객을 어떻게 감동시키고 짭짤한 수입을 올리는지 관찰했다.

이제 입장을 바꿔 고객 편에서 생각해 보자. 이비자는 8월이 성수기라 하루에 1,000명도 훨씬 넘는 고객이 블루 말린 비치클럽을 찾는다. 음료를 받아 햇볕을 쬐러 가고 싶은 배고프고 목마른 고객이 그만큼 많다는 이야기다.

직원들은 모히토가 바의 대표 상품이라는 사실을 알고 있고 하루에 몇 잔이나 팔릴지도 대강 안다. 그래서 첫 번째 고객이 도착하기 한참 전에 모히토 준비 시간을 갖는다. 라임, 황설탕, 박하 등이 들어 있는 칵테일 잔을 수백 잔씩 준비하는 것이다. 직원들은 재료가 얼마나 오랫동안 신선함을 유지하는지 알고 있기 때문에 시간 조절을 완벽하게 할 수 있다.

그다음에는 직원이라면 누구나 재료와 도구를 손쉽게 이용할 수 있도록 바를 재정비한다. 그리고 모든 재료를 당장 필요한 양보다 한두 줄 더 많이 쌓아 둔다. 바에서 일하는 보조원이 럼주가 네댓 병씩 남아 있을 때 미리미리 채워 두기 때문에 럼주가 떨어질 걱정이 없다. 얼음은 이미 잘게 부서진 채로 들어오고 바 중간에 두기 쉽게 쌓는다. 직원들에게 개인별로 도구가 주어지기 때문에 고객이 주문한 음료를 만들려고 동료가 작업을 마치기를 기다리지 않아도 된다. 그리고 마지막으로(이것이 가장 중요하다), 직원들이 일하면서 신나게 즐기는 것 같아 보인다!

준비 과정의 각 단계마다 칵테일을 만드는 데 걸리는 시간을 몇 초에서 길게는 1분까지 단축한다. 이렇게 아낀 시간은 고스란히 고객에게 전달된다.

블루 말린을, 해변을 따라 더 올라가면 보이는 바와 비교해 보자. 이 바에서는 칵테일을 만들 때 아무런 사전 준비 없이 시작한다. 바

에 혼자 앉아 해 지는 풍경을 감상하며 바텐더와 한가롭게 수다를
떨 수 있으면 그래도 상관없겠지만, 안타깝게도 바에는 고객이 한
명만 있는 것이 아니다. 줄이 다섯 개나 되고 누구나 음료를 빨리 받
고 싶어 한다. 앞에 있는 사람이 "모히토 네 잔이요"라고 말하면 뒤
에서 불평하는 소리가 들린다. 이곳에서는 럼주도 떨어지고, 직원들
이 동료 바텐더가 하나밖에 없는 '머들러(칵테일을 휘젓는 막대)'를 다 쓸
때까지 기다리며 짜증난 표정으로 고객을 대한다.

블루 말린은 고객이 기뻐할 만한 방식으로 계속 반복되는 과정을
체계화했다. 사람들은 누구나 시간을 아끼고 싶어 한다. 이비자에
서 휴식을 취하는 사람들도 마찬가지다. 따라서 이쯤에서 당연히 던
져야 할 질문은 '고객의 편의를 위해 당신의 시스템을 어떻게 체계
화할 수 있는가?'이다.

- 당신의 홈페이지에는 '자주 묻는 질문과 답'이 정리되어 있는가?
- 직원들끼리 가장 자주 겪는 어려운 문제가 무엇인지 이야기하
  는가?
- 당신의 경쟁자들이 어떻게 시스템을 운영하는지 지켜보는가?
  그들의 장점은 본받고 단점은 피하려고 노력하는가?
- 고객의 대기 시간을 몇 초 내지 몇 분씩 줄일 수 있겠는가?

이런 아이디어는 모두 간단하지만 실천에 옮기기는 쉽지 않다. 시
간, 노력, 자원을 필요로 하기 때문이다. 설령 완벽하게 돌아가는 시

스템을 갖추더라도 그것이 끝이 아니다. 그다음부터는 틀에서 벗어날 준비를 해야 한다. 당장은 시스템이 완벽해 보이더라도 항상 제대로 돌아가지는 않을 것이고 항상 효과적이지도 않을 것이기 때문이다. 고객은 당신이 정해진 '시스템' 때문에 무엇을 할 수 없다고 말하는 것을 듣고 싶지 않아 한다.

이제 블루 말린 바의 이야기로 돌아가 보자. 그 바에서 누군가가 특이한 주문을 하면 직원들이 어떻게 대처할까? 5 Star Service를 연구할 목적으로 나는 모히토를 몇 잔 더 주문했다. 이번에는 칵테일 한 잔에는 설탕은 조금만 넣고 박하를 많이 넣어 달라고 부탁했다. 직원들은 당황하지 않고 이 칵테일을 '특별 칵테일'이라고 불렀고 만드는 데도 일 분을 조금 넘겼을 뿐이었다. 하지만 최고의 장면은 바텐더가 이 칵테일에 다른 색의 빨대를 꽂아주면서 "이게 특별 칵테일입니다"라고 웃으며 건네준 장면이었다.

고객들은 반복적인 과정이 빨리 진행되고, 간단해지고, 더 편리해지는 것을 좋아한다. 그렇다고 해서 이것을 핑계로 예외적인 경우를 무시해서는 안 된다.

아무쪼록 블루 말린이 모히토 만드는 시스템을 계속 개선하기를 바란다. 아무래도 연구차 또 한 번 방문하게 될 것 같다!

재미없는 과정을
흥미진진하게 만들어라

★ 당신이 고객과 소통하는 과정 중에서 재미없고 따분한 부분은 어디인가? 양식을 작성하는 것인가? 서비스를 받기 전에 기다리는 것인가? 줄을 서는 것인가? 서비스가 아무리 흥미롭더라도 고객이 재미없게 여기는 부분은 있기 마련이다. 가장 흔한 상황부터 한 번 생각해 보자. 줄 서는 것, 이것야말로 얼마나 따분한 일인가!

줄 서는 것을 좋아하는 사람은 아무도 없다. 시간도 아깝고 스트레스도 받기 때문이다. 줄을 서면서 스트레스를 가장 많이 받을 것 같은 상황 다섯 가지를 다음과 같이 꼽았다. 당신도 동의하는지 생각해 보라.

1. 수화기를 들고 대기 중인데 얼마나 오래 기다려야 할지 모를 때

2. 마트에서 계산하려고 줄을 설 때

3. 기차역의 승강장에서 열차를 타려고 줄을 설 때

4. 자정 무렵에 주유소에서 기름을 넣으려고 줄을 설 때

5. 공항에서 집으로 향하는 비행기의 탑승 수속을 밟을 때

그렇다면 고객들이 좀 더 즐겁게 줄을 서도록 하기 위해서 어떤 조치를 취할 수 있을까?

1. 줄이 있다는 것을 인정하라. 사람이 많아서 오래 기다려야 한다면 분명하게 알려라. 얼마나 기다려야 하는지 알 수 있게 대기 시간을 현실적으로 알려 주어라.

2. 줄을 서면서 할 일을 주어라. 테마파크는 이 작업을 아주 능숙하게 처리한다. 테마파크에서는 놀이기구에 탑승하기 전의 30분도 경험의 일부가 되는 경우가 많다.

3. 인력을 더 많이 투입하라. 당신이 임원이라고 해서 수화기를 들고 고객 상담 전화를 못 받을 이유는 없지 않은가?

4. 고객을 즐겁게 해 주어라. 수화기를 들고 대기 중인 고객이 듣게 되는 녹음 메시지는 지루하기 마련이다. 재미있는 농담이나 유용한 정보를 녹음해서 들려주는 것은 어떤가?

5. 고객이 드디어 서비스를 받게 되었을 때 진심으로 사과하고 고객이 기다린 사실을 잘 알고 있다고 말하라.

그러나 줄 서는 것 이외에도 재미없는 일은 많다. 양식 작성하기, 자동차 주유하기, 대기실에서 기다리기, 이메일을 다운받는 동안 모니터 지켜보기 등 여러 가지가 있는데, 하나같이 조금도 재미없고 따분한 일이다. 하지만 그런 점을 바꿀 수 있다면 어떻게 되겠는가? 굳이 비용이 많이 드는 평면 텔레비전을 사거나 특수 효과를 이용할 필요는 없다. 이제부터 쉽게 시작할 수 있는 방법을 알려 주겠다.

나는 지난번에 차에 기름을 넣다가 주유소 직원이 나를 빤히 쳐다보는 것을 눈치챘다. 그녀에게 웃는 얼굴로 손을 흔들었는데도 그녀는 계속 쳐다보기만 했다. 나는 고개를 돌려 내 뒤에서 더 재미있는 일이 일어나고 있는지 살폈다. 하지만 아무 일도 일어나고 있지 않았다. 그렇다면 그녀가 어떤 행동을 대신할 수 있었을까?

쾌활하게 웃는 얼굴로 나에게 손을 흔들어 주는 것은 별 세 개짜리 서비스에 해당한다. 그녀가 나보다 먼저 손을 흔들고 엄지손가락을 치켜들거나 단순히 고객이 있다는 것을 인지했으면 어땠을까? 그것은 별 네 개짜리 서비스라고 해 두자. 그렇다면 어떻게 해야 5 Star Service가 될 수 있을까? 당신이라면 어떻게 하겠는가?

재미없는 과정을 흥미진진하게 만들 수 있는 아이디어를 몇 가지 소개하겠다. 당신에게 꼭 맞는 것도 있고, 약간 수정해야 하는 것도 있을 것이다. 이상한 아이디어도 있을지 모르지만 적어도 다른 생각이 떠오르도록 도와줄 것이다.

● 버스 정류장에 음악을 틀어라.

- 주차장에 진입하려고 기다리는 고객들을 위해 경품 추첨을 하라.
- 프런트에 흥미롭고 깨끗한 최신 읽을거리를 마련하라.
- 고객이 다운로드가 완료되기를 기다리는 동안 해당 소프트웨어를 무료로 얻을 수 있는 기회를 주어라.
- 고객들이 기다리면서 볼 수 있도록 다른 직원들과 재미있는 비디오를 촬영하라.
- '대기 중' 녹음 메시지를 위해 코미디언을 고용하라.
- 지루한 양식에 '거의 다 왔습니다!', '마지막 페이지입니다', '해내셨습니다!'와 같은 문구를 삽입하라.
- 직원들에게 비언어적인 의사소통 교육을 실시하라. 그리고 배운 내용을 실천에 옮기도록 장려하라!
- 정기권 소지자들을 위해 통근 열차에서 월요일마다 경품 추첨을 하라.

시험, 시험, 시험만이 살 길이다

아이디어를 시험해 보고 성공과 실수를 바탕으로 배우지 않는다면 어떤 아이디어가 유용한지 어떻게 알겠는가? 아이디어를 시험해 볼 때마다 당신은 서비스 능력을 키우고 재미없는 일을 흥미진진하게 만들기 위해 앞으로 한 발 내딛는 셈이다.

깨끗하지 않으면
아무 소용 없다

★ 깨끗함 = 양호

★ 티끌 하나 없이 깨끗함 = 5 Star Service

나는 여기에 들어갈 내용을 기차 안에서 쓰고 있다. 이 열차는 크기도 크고, 수백 명의 승객을 수용할 수 있으며, 시속 160km보다 훨씬 빠른 속도로 달린다. 지금 일등석에 앉아 있는데, 나는 이런 호사를 절대로 당연시하지 않는다. 당신도 일등석이 얼마나 비싼지 알면 눈물이 날 것이다.

하지만 일등석이라고 해서 다 좋은 것은 아니다. 이 열차의 경우 내부가 조금 지저분하다. 테이블에는 다른 승객이 남기고 간 과자 부스러기가 있고, 창문에는 정체를 알 수 없는 얼룩이 있으며, 검표

원은 손톱이 더럽다. 이 사실을 나는 아내 크리스틴 덕분에 알게 되었다. 그녀는 50보 정도 떨어진 거리에서도 손톱 진균증을 알아볼 수 있다.

일등석 치고 별로이지 않은가? 내 친구 중 한 명은 좌석의 테이블이 더러워서 비행기에서 내린 적도 있다. 그는 '테이블도 이렇게 관리를 안 하는데 엔진은 어떻겠어?'라고 생각한 것이다.

이보다 더 심한 경우도 있다. 내 친구 톰은 영업사원의 신발이 더럽다는 이유로 5만 파운드짜리 물건을 구매하지 않았다.

이 문제에 관해서는 월트 디즈니의 전 CEO인 마이클 아이스너의 일화가 유명하다. 어느 날 아이스너는 다른 나라에서 방문한 간부들에게 '마법의 왕국(Magic Kingdom)'을 구경시켜 주고 있었다. 그러다가 길거리에 쓰레기가 떨어져 있는 것을 발견하고는 직접 주워 가까운 쓰레기통에 넣었다. 그 장면을 본 간부 중 한 명이 그런 일은 직원에게 시키라고 제안했다. 그러자 아이스너는 "디즈니의 청결함은 우리 모두의 책임입니다"라고 대답했다.

나는 이 이야기를 하도 많이 들어서 아이스너가 메시지를 전달할 수 있도록 투어가 있을 때마다 쓰레기를 버려야겠다는 생각이 들 지경이었다! 그가 전달하려는 메시지는 분명했다. 그렇지 않은가?

상품이나 서비스 주위는 티끌 하나 없이 깨끗해야 한다

단순히 '양호'한 정도이거나 다음 사람이 처리하게 놓아 두거나 '내 일이면 괜찮아지겠지'와 같은 태도로 임해서는 안 된다. 지금 당장 티끌 하나 없이 깨끗하게 해야 한다.

당신 주변도 깨끗해야 하지만 당신도 깨끗해야 한다. 첫인상을 결정하는 데는 단 한 번의 기회밖에 없으며, 고객들은 서비스를 받기 한참 전에 눈으로 결정을 내린다.

당신이 점검해야 할 여덟 가지 사항을 아래에 제시하겠다.

1. 거울을 자세히 들여다보라. 솔직히 당신의 모습이 어때 보이는가? 어떤 면을 개선할 수 있겠는가?

2. 주변을 둘러보라. 건물의 정문이 어떤 상태인가? 문을 청결하게 유지하는 것이 '당신이 할 일이 아니라는' 사실은 알고 있지만 그것은 마이클 아이스너가 할 일도 아니었다.

3. 이번에는 조금 지저분한 문제다. 당신의 화장실은 어떤가? 당신이 보기에 화장실이 깔끔하지 않다면 고객들의 눈에는 어떻겠는가?

4. 책상, 간판, 필기구도 점검하라. 이런 것들이 깨끗하지 않다면 고객은 무의식적으로 이것을 당신의 상품이나 서비스와 연결시킬 것이다.

5. 서비스를 제공하는 공간에서 냄새가 나지 않는지 확인하라. 만일 NCP(영국의 주차 서비스업체)의 주차장에서 일하는 직원들이 고약한 냄새를 없애는 데 탁월한 능력을 발휘한다면, 어떨까? 당신의 경우에는 어떤 환경을 제공하겠는가?

6. 깔끔하게 정돈하라. 깔끔함을 유지하기 쉽도록 적당한 양의 물

품을 쌓아 둬라. 기본적인 풍수지리를 바탕으로 정돈하는 것도 나쁘지 않다.

7. 당신의 손이 깔끔한지 확인하라. 물어뜯은 흔적이 있거나 더러운 손톱, 손으로 잡아 뜯은 피부, 니코틴 자국은 모두 서비스의 질을 떨어뜨리는 데 일조한다.

8. 당신에게서 체취가 나지 않는지 확인하라. 구취, 암내, 발 냄새가 나지 않아야 한다. 당신에게서 암내가 나는 것 같다는 의심이 들면 실제로 암내가 날 가능성이 크다! 입에서 냄새가 날까 봐 걱정된다면 당신이 확실히 알 때쯤에는 모두가 냄새를 맡은 뒤일 것이다! 발 냄새가 좀 나는 편이라고 생각한다면 실제로는 발 냄새가 진동할 확률이 높다! 따라서 당신에게 냄새에 관한 문제가 있는지 솔직하게 알려 줄 사람이 필요하다. 그리고 답례로 당신도 그 사람에게 솔직하게 알려 주어라.

마음을 담은
카드를 보내라

★ 대부분의 사람들이 생일에 평균 네 개 미만의 생일 카드를 받는다는 사실을 알고 있는가? 그리고 사람들이 1년 동안 받는 모든 종류의 카드가 평균 열 개 미만이라는 사실을 알고 있는가? 또한 고객들이 업체에서 어떤 종류의 카드도 받지 못한다는 사실을 알고 있는가? 단 한 개의 카드도 받지 못한다는 사실을 말이다.

우리는 고객들에게 청구서를 보내고, 계약서를 보낸다. 카드를 보내는 경우는 대부분 내용이 미리 출력되어 있는, 회사에서 대량으로 만든 크리스마스 카드이다. 다른 경우에 고객에게 카드를 보내는 경우는 거의 드물다.

하지만 카드를 보내는 것은 자신이 고객을 얼마나 소중하게 생각하고 있는지를 보여 줄 수 있는 근사한 방법이다. 그것은 작지만 아주 가치 있는 행동이다. 이 방법은 외부 고객뿐 아니라 회사에서 함께 일하는 동료에게도 상당한 효과를 발휘한다.

최근에 HSBC은행의 한 부서와 프로젝트를 진행한 적이 있었는데, 그 프로젝트에는 부서의 전 직원에게 감사 카드를 보내서 회사가 직원들에게 얼마나 감사하고 있는지를 알리는 캠페인이 포함되어 있었다. 세계에서 가장 큰 규모의 은행에서 일하다 보면 자신이 은행에서 얼마나 중요한 역할을 하고 있는지 잊어버리기 쉽기 때문이었다. 그 부서의 인원만 해도 수천 명이 넘었기 때문에 우리는 개별화된 카드를 만들 방법을 고안해야 했다. 그래서 다음과 같이 실행했다.

우리는 우선 유명 카드회사에 의뢰하여 카드를 디자인하고 제작했다. 물론 속지는 개인적인 내용을 쓸 수 있도록 백지 상태로 남겨두었다. 부서장이 개인 비용으로 카드 전부를 개당 10페니에 사들였고, 그 금액은 모두 HSBC 자선기금에 기부했다.

그리고 그녀는 자신이 쓸 한 묶음의 카드만 남겨 놓고 나머지 카드를 모두 지역 담당 이사들에게 개당 20페니에 팔아서 다시 그 이익금을 모두 HSBC 자선기금에 보냈다. 그리고 지역 담당 이사들 역시 자신들이 쓸 한 묶음씩의 카드만 남겨 놓고 나머지를 모두 부장과 팀장들에게 팔았다. 물론 모든 카드의 뒷면에는 이런 문장이 인쇄되었다.

"자선기금 마련을 위해 세 번 판매됨."

그리고 나서 이후 90일 동안 팀장들은 팀원들에게 어떻게 감사의 뜻을 전달해야 할지, 그리고 자신의 손으로 직접 써서 보낼 카드에 어떤 내용을 담아야 할지 궁리하기 시작했다. 모든 사람들이 카드를 받게 되리라는 것을 알고 있었지만 왜 받는지, 언제 받게 될지는 모르고 있었다.

90일 후에 사내 구석구석에 카드가 전달되었고, 모든 직원들은 잠깐 동안이지만 행복한 기분을 맛볼 수 있었다. 그리고 대부분의 직원들이 그 카드를 몇 달 동안 간직했다.

그러나 그 일의 진정한 수혜자는 고객들이었다. 자신의 능력을 인정받았다고 느낀 직원들이 즐거운 마음으로 고객에게 더 나은 서비스를 했던 것이다. 이처럼 당신도 팀장들에 대한 당부나 당신의 팀

원들이 고객을 대할 때 취하기를 바라는 태도로 팀원들을 대하라.

그렇다면 고개들에게는 어떤 경우에 카드를 보낼 수 있을까?

- 생일 때
- 기한 내에 비용을 납부해 달라고 당부할 때
- 인내심을 갖고 기다려 준 것에 감사할 때
- 추천해 준 것에 감사할 때
- 미팅을 해 준 것에 감사할 때
- 고객의 결혼기념일 때
- 크리스마스 때
- 성공을 축하할 때
- 사과할 때

여러 가지 아이디어

플립 차트: 팀의 인원이 많지 않다면 여러 가지 색깔의 펜과 플립 차트를 이용한다. 팀원들 개개인을 떠올리면서 여러 가지 색깔과 그림, 상상력 등을 동원하여 감사 페이지를 만든다. 늦게까지 남아 있다가 팀원들이 모두 퇴근하면 팀원들의 책상이나 작업 공간, 벽 에 감사 페이지를 붙여 놓는다. 그리고 다음날에는 약간 늦게 출근 한다.

블로그: 블로그가 자신의 생각을 온라인상에 알리는 수단으로 점점

인기를 얻고 있는 추세이니 팀원들의 블로그를 방문해서 감사 메시지를 남기는 것도 좋다.

편지 보내기: 이메일이 등장하면서 우리는 예전만큼 편지를 많이 보내지 않게 되었다. 카드를 보낸다는 생각이 그다지 마음에 들지 않는다면 편지를 써서 보내는 것은 어떤가. 편지는 상대방에게 커다란 기쁨을 줄 것이다. 주의할 점은 시작 부분과 끝 부분은 반드시 손으로 직접 써야 한다는 것이다.

사진: 고객과 미팅을 하고 나면 사무실로 돌아와 플립 차트에 감사 메시지를 쓴 뒤, 플립 차트 옆에 서서 디지털 카메라로 사진을 찍는다. 그런 다음 방금 만났던 고객에게 그 사진을 이메일로 보낸다. 고객이 굉장히 좋아할 것이다!

<table>
<tr><td>＊＊＊＊＊ 참고사항</td></tr>
<tr><td>카드를 더욱 특별하게 만드는 방법 한 가지를 공개한다. 카드 속지뿐 아니라 봉투도 손으로 쓰고 우표(요금 별납 도장이 아닌)를 붙인다. 생각해 보라. 수많은 요금 청구서와 스팸 우편 가운데에서 손으로 직접 쓴 글씨와 우표가 붙어 있는 우편물을 발견한다면 당신은 어떤 것을 가장 먼저 뜯어 보겠는가?</td></tr>
</table>

환상적인
서비스를 고안하라

★ 애플의 아이팟을 손에 쥐어 본 적이 있는가? 그리고 사용해 본 적이 있는가? 그 작은 첨단기술의 결정체는 출시된 지 몇 년 만에 금세 디자인 분야의 아이콘이 되었다. 하지만 그것은 우연히 일어난 일이 아니다. 많은 사람들이 오랜 시간을 들여서 아이팟을 사용하기 쉬우면서도 보기 좋게 만들어 냈기 때문에 가능했던 것이다.

렉서스를 만드는 과정은 어땠을까. 렉서스 제작진은 BMW, 메르세데스, 재규어 등 전 세계의 고급차를 소유한 사람들에게 자신의 차의 어떤 점을 좋아하는지 물었다. 그리고 설문이 끝나자 모든 아이디어를 종합하고 중복된 부분을 빼고 500가지의 개선사항을 추가한 뒤, 세상에서 가장 세련된 고급차를 표방한 렉서스의 설계에 들어갔다.

　세련된 디자인을 만드는 데 가장 어려운 점은 외관을 단순하게 만드는 일이다. 이와 마찬가기로 사람들은 훌륭한 서비스를 설계하기 위해 매우 많은 노력을 기울인다. 그리고 많은 사람들이 외부 조사와 심각한 회의를 거친 뒤 외부 컨설턴트의 도움을 받는다. 하지만 그것은 비용이 많이 든다. 그렇다면 저렴한 예산으로 훌륭한 서비스를 설계할 수 있는 방법은 없는 것일까?

　최근에 패션 디자이너인 웨인 헤밍웨이를 만난 적이 있었다. 나는 꿈이 디자이너인 내 딸에게 조언을 좀 해 달라고 부탁했다.

　"딸이 직접 옷을 만들어 입습니까?"

　이것이 그의 첫 번째 질문이었다. 그는 딸이 화려한 이미지에만 관심이 있는 것인지 아니면 열심히 노력해서 단순히 옷을 만들어내는 것 이상의 창조를 할 준비가 되어 있는지를 묻고 있었다. 그러고 나서 그는 딸에게 또래 친구들에게 잘 팔릴 만한 셔츠와 옷을 만들어서 가져와 보라고 했다. 겨우 열세 살짜리 딸에게 말이다.

　하지만 그가 옳았다. 웨인과 헤어진 뒤 나는 이렇게 결론지었다. 딸이 유명 패션 스쿨에 들어가고 싶은데 5년 동안 옷을 만들어 판 경력이 있다면, 그것은 입학 지원서를 쓸 때 큰 도움이 될 수 있었다.

비결은 '깨닫는' 데 있지 않고 '행동'하는 데 있다.

이것은 내가 굉장히 자주 하는 말이다.

훌륭한 서비스를 고안하는 것도 마찬가지다.

생각해 보라. 세상의 모든 이론을 다 터득할 수 있다 해도 실천해 보지 않으면 그것이 현실에서 실현 가능한지 아닌지 알 수 없다. 토머스 에디슨은 5,000가지 생각을 실험에 옮긴 뒤에야 비로소 실현 가능한 한 가지 생각을 발견할 수 있었고, 그 생각을 토대로 해서 환하게 빛나는 전등을 발명했다. 그가 5,000가지 생각을 실험에 옮기지 않았다면 인류는 그 후로도 수백 년 동안 양초를 사용해야 했을 것이다.

그렇다면 어떻게 해야 세계적인 수준의 서비스를 고안할 수 있을까? 여기에 일곱 가지 핵심 사항과 그 과정을 소개한다.

1. 자신이 무엇을 하고 싶어 하는지를 알아야 한다. 스스로 확실한 목표가 없다면 목표에 도달했는지 어떻게 판단할 수 있겠는가?

2. 주위 사람들을 끌어들인다. 주위 사람들에게 상담을 요청하고 사람들이 해 주는 말을 주의 깊게 듣는다. 모든 말을 받아들일 필요는 없다. 기억해야 할 것을 조언해 주는데 자꾸 말을 자른다면 사람들은 더 이상 당신에게 조언해 주려 하지 않을 것이다.

3. '반드시 성공해야 할 일'과 '실패해도 되는 일'로 나누어 두 종류의 카드를 만든다.

4. 카드를 같은 팀 사람들과 나누어 갖고 '반드시 성공해야 할 일'을 추가하고, '실패해도 되는 일'을 빼도록 한다.

5. 서비스의 '흐름'을 볼 수 있도록 카드를 늘어놓는다. 이렇게 하면 일 사이의 연계성, 잘할 수 있는 일, 잠재적으로 취약한 일 등

여러 가지 사항을 알 수 있다.

6. 카드를 순서대로 짚어가며 다음의 세 가지 질문을 해 본다. 그리고 뒤쪽으로 방향을 바꾸어 이를 반복한다.

- 고객들이 어떻게 느끼고 있는가?
- 우리가 어떻게 느끼고 있는가?
- 개선하거나 변화를 주기 위해 우리는 무엇을 할 수 있는가?

7. '서비스 노선'이 정해지면 부서원들 각자가 맡은 부분을 책임지고 이행할 수 있도록 일정표를 만들게 한다. 그리고 서비스 노선이 계획대로 잘 실행되고 있는지 정기적으로 체크한다.

이렇게 삼차원적으로 생각하고 카드를 반복해서 점검하라. 그러면 잠재적인 문제를 미리 발견할 수 있을 것이다.

* * * * * **참고사항**

금색 별을 준비해서 고객을 크게 기쁘게 할 수 있는 일이 적혀 있는 카드가 나오면 붙인다. 점검할 때마다 적어도 다섯 개의 금색 별을 붙이는 것을 목표로 삼는다.

창의성에서
더 좋은 서비스가 나온다

★ 창의적인 생각은 때때로 아주 가까운 곳에서 나온다. 그것은 우리가 일상에서 무심코 쳐다보면서 '그거 좋은데'라고 생각하는 것들 중에 있다. 그리고 대부분의 경우에 최고의 아이디어는 예산이 그리 많이 들지 않는다.

훌륭한 예시들

아내는 영화 〈프리티 우먼(The Pretty Woman, 1990)〉을 굉장히 좋아한다. 혹시 당신이 그 영화를 보지 않은 세계 인구 1/3 에 속하는 사람이라면, 그 영화의 많은 장면이 로스앤젤레스의 비버리힐즈에 있는 리전트 비버리 윌셔 호텔의 스위트룸에서 촬영되었다는 사실을 알아 둘 필요가 있다. 비버리 윌셔 호텔은 세계에서 가장 좋은 호텔 열

군데 중 하나로 꼽히고 있으며, 현대미와 고전미가 조화를 이루는 창의적이고 우아한 공간이다.

〈프리티 우먼〉을 보던 어느 날, 나는 가족들에게 그 영화에 나오는 호텔에 데려가겠다고 약속했다. 그리고 최근에 미국을 방문했을 때 며칠 동안 웨스트 코스트를 방문할 기회를 마련할 수 있었다. 하지만 한 가지 작은 문제가 있었다. 〈프리티 우먼〉에 나오는 장면들을 재현하려면 아내와 나, 둘만 비버리 윌셔 호텔의 스위트룸에서 자야 했다. 하지만 우리는 사랑스러운 아이들과 함께 여행을 하고 있었다.

그렇다면 어떻게 하면 좋았을까? 다행히 비버리 윌셔 호텔은 아이들과 함께 온 많은 사람들이 〈프리티 우먼〉의 장면을 재현해 보고 싶어 한다는 것을 알고 있었다. 그래서 그들은 '둘만 있고 싶어요 (Not just the two of us)'라는 패키지를 마련해서 내놓았다. 정말 탁월한 패키지였다!

엄마 아빠가 근사한 스위트룸에서 샴페인과 딸기를 먹고 있는 동안 아이들은 옆방에 머물렀다. 하지만 단순히 거기서 머무르기만 한 게 아니었다. 그 방은 아이들이 좋아하는 과자와 탄산음료, 아이스크림으로 가득 차 있었고, 무료 영화가 상영되고 있었으며, 다양한 종류의 게임기가 있었기 때문에 아이들은 방에서 나가고 싶어 하지 않았다.

물론 호텔에는 밖에 나가서 하는 프로그램도 준비되어 있었다. 프런트 직원이 먼저 아이들에게 무엇을 하고 싶은지 묻고는, 아내와 나에게 무엇을 하고 싶은지 물었다. 그리고 우리의 희망사항을 들은 그는 모든 사람의 희망을 적절히 조합해서 환상적인 일정표를 만들어 주었다.

일례로 우리가 희망했던 '연예인 집 방문 투어'를 살펴보자. 프런트 직원은 여러 가지 일정표를 내밀며 어느 쪽을 택하겠냐고 묻는 대신 우리가 좋아하는 연예인의 목록을 작성하도록 했다. 우리가 목록을 작성해 주자 그는 우리 목록에 근접한 일정을 찾기 위해 일정표를 여러 개 살펴 보았다.

하지만 어떤 일정표도 우리 목록에 근접하지 않았다. 그러자 그는 우리만을 위한 개별 일정을 잡아 주었다. 그는 연예인 집 방문을 주선하는 회사에 전화를 걸어서 우리가 방문하고 싶어 하는 연예인들의 목록을 알려 주고 미리 일정을 잡아 놓도록 했다. 우리가 투어에만 집중할 수 있도록 해주기 위한 배려였다.

집으로 돌아오는 비행기 안에서 우리는 이번 여행에서 어떤 부분이 가장 좋았는지에 대해 이야기했다. 모두가 방의 여건이나 음식이 아닌 연예인 집 방문 투어를 가장 좋았던 기억으로 꼽았다.

이는 비단 최고급 호텔에만 해당되는 이야기가 아니다. 우리에게 좋은 기억으로 남은 투어 일정은 돈을 뿌리기만 하면 누구나 기획할 수 있는 그런 일정이 아니었다. 어떻게 하면 고객을 더 편하게 해줄 수 있을지를 고민하고, 융통성을 발휘하며, 무엇보다도 창의적으로 생각했기 때문에 나올 수 있는 아이디어였다.

이번에는 최고급 호텔이 아닌 더 수수한 환경에서의 일화를 살펴보자. 스코티쉬 워터의 고객 서비스팀 이사인 셰릴 블랙은 오렌지(Orange)와 NTL에서 일한 경력이 있는데, 이 회사들은 고객 서비스가 훌륭하기로 유명했다.

케이블 회사인 NTL은 개인이 집에서 케이블을 통해 영화를 볼 수 있는 새로운 서비스를 실시했다. 그런데 처음에는 굉장히 말썽이 많았다. 신청한 영화가 나오지 않는다는 고객들의 항의전화를 받기 일쑤였다. 그래서 고객들에게 환불은 물론, 불편을 끼친 데 대한 보상으로 무료 영화를 한 편씩 제공해 주었다. 적절한 조치였지만, 만일 고객이 예약했던 영화를 볼 수 없었기 때문에 토요일 밤을 망쳤다면 고객은 그 조치만으로는 만족하지 않았을 것이다.

NTL은 추가조치를 취했다. NTL의 새로운 조치는 참으로 탁월했다. 고객이 전화를 걸어와서 신청한 영화가 나오지 않는다고 항의하면, NTL 직원은 문제를 해결한 뒤 이렇게 물었다.

"중국 음식을 좋아하세요, 인도 음식을 좋아하세요?"

고객이 어떤 음식을 더 좋아한다고 대답하면 그 직원은 이렇게 말했다.

"다음에 영화를 보실 때, 저희가 고객님께서 좋아하시는 음식을 대접해 드리겠습니다. 고객님의 계좌에 포인트를 적립해 드렸으니 다음에 영화를 보실 때 좋아하는 음식을 주문해서 드십시오."

얼마나 탁월한 해결책인가! NTL은 고객들이 진짜 화가 난 것이 영화를 놓쳤기 때문이 아니라 토요일 밤을 망쳤기 때문이라는 것을 간파했기 때문에 그렇게 적절한 조치를 취할 수 있었다. 고객들은 돈을 환불받았을 뿐만 아니라, 다음 주의 즐거운 토요일 밤까지 보장받은 것이다!

이것이 소위 '감성적 교감 만들기'라고 불리는 세일즈 기법이다. 이렇게 작은 생각이 서로 윈윈하는 결과로 이어졌고, 거기에 다음과 같은 덤까지 생겼다.

1. 문제를 해결하는 데 그치지 않고 고객에게 추가 보상을 해 주었다.

2. 단순한 금전적인 보상 이상의 의미가 있었다.

3. 고객이 영화를 계속해서 신청하도록 동기를 부여했다.

4. 고객을 기분 좋게, 굉장히 기분 좋게 만들었다.

이번에는 저렴한 예산으로 운영되는 한 스페인 바의 일화를 살펴보자. 〈5 Star Service〉 워크숍을 진행하는 기간 동안에 참가자 중 한 명인 대니가 이 일화를 들려주었는데, 그것은 그때까지 우리가 들어보았던 어떤 이야기보다도 근사했다.

대니와 가족들은 휴가 기간에 스페인에 갔다. 그들은 도착한 그날 밤에 노래방 기계가 있는 어느 바에 들어갔다. 대니가 일어서서 노래를 부르자 관객들이 그에게 열화와 같은 박수를 보냈다. 그러자 바의 주인이 대니의 열정에 감탄했다면서 술을 한잔 샀다. 그리고 대니는 다음날 밤에도, 그다음날 밤에도 대니는 그 바에 갔다.

세 번째로 방문했던 날 밤, 대니는 바의 지배인에게 남은 휴가 기간 동안 다른 바를 방문해 봐야겠다고 말했다. 그리고 휴가의 마지막 날 밤이 되었다. 대니는 가족들과 함께 해변에서 걷고 있다가 그 바의 바깥쪽 게시판에 이렇게 쓰여 있는 것을 보았다.

"대니 씨, 오늘 밤, 오늘 하룻밤만 와 주세요."

대니는 그것을 보고 기분이 좋아서 어쩔 줄 몰랐다. 그날 밤 대니는 자기 가족뿐 아니라, 그의 사교적인 성격 덕분에 휴가 기간 동안에 새로 사귄 스물다섯 명의 '새' 친구들을 모두 데리고 그 바를 방문했다.

다음은 창의적인 생각이 흘러나오게 하기 위한 다섯 가지 지침이다. 참고하기 바란다.

1. 고객처럼 생각한다. 문자 그대로 고객처럼 생각해 보는 것이다. 당신이 하는 일의 과정을 고객이 어디까지 이해할 수 있는지 알게 된다면, 당신은 무엇을 더 잘할 수 있겠는가?

2. 생각한다. 하지만 올바른 방법으로 생각해야 한다. 당신은 생각할 때 지켜야 할 규칙을 이미 알고 있다. 모든 사람의 생각에 귀를 기울이되, 부정적인 언급을 하지 못하게 하는 것 말이다.

3. 본능에 귀를 기울인다. 본능에는 뛰어난 상황 적응력이 있다. 더 좋은 서비스를 하기 위해서 본능적으로 어떤 일을 할 것 같은가?

4. 다른 사람들이 창의적인 발상을 할 수 있도록 분위기를 만든다. 당신이 팀장이라면, 팀원들이 자유롭게 창의적인 의견을 개진해서 고객 서비스 개선에 도움을 줄 수 있도록 분위기를 조성해야 한다.

5. "만일 ~라면?"이라는 질문을 던져본다. 가정한다고 해서 꼭 그렇게 해야 하는 것은 아니지만, 가정을 해 보면 다른 각도에서 문제에 접근해 볼 수 있다. 예를 들어 이런 가정을 해 보는 것이다.

만일,

- 무료로 제품을 나눠준다면?
- 단골 고객이 끊긴다면?
- 나에게 시간이 엄청나게 많다면?
- 예산이 두 배가 된다면?
- 왕실의 일원이 방문한다면?
- 고객 서비스 경연대회에 참가하게 된다면?

당신의 공급자들도
엄연히 고객이다

★ 모든 것은 가격과 관련이 있다. 그렇지 않은가? 사실 이 질문은 '예'와 '아니오'로 모두 답할 수 있다. 우리는 모두 저렴한 가격을 원하지만, 나는 여태까지 할인을 조금 더 받는 조건으로 서비스를 포기하고 싶다고 인정하는 사람을 본 적이 없다. 하지만 실제로는 그러기를 원한다. 사람들은 함께 일하는 공급자들과는 재정적으로, 감정적으로, 습관적으로 그러기를 원한다. 이 점을 명심하라.

당신과 교류하는 사람이라면 누구나 고객이다

이 말은 당신의 공급자들도 엄연히 고객이며, 그들을 어떻게 대우하느냐가 당신의 다른 고객들에게 큰 영향을 미친다는 뜻이다.

수년간 사업을 한 사람으로서 나는 훌륭한 서비스를 제공하는 데 전념하는 여러 공급자를 만났다고 말할 수 있어 행복하다. 그들이 다른 고객들에게는 얼마나 좋은 서비스를 제공하는지 몰라도 우리에게는 최고의 공급자들이다. 그들이 최고가 되도록 내가 거들었기 때문에 확실히 알고 있다. 우리가 공급자들을 위해 무엇을 해 주었는지, 또 무엇을 해 주고 있는지 정리해 보았다.

- 우리 회사의 행사에 초대했다.
- 감사의 마음을 글로 전했다. 그들의 훌륭한 서비스를 얼마나 고맙게 생각하는지 상사에게 알리기도 했다.
- 다른 회사에 추천했다.
- 우리 회사의 크리스마스 파티에 초대했다.
- 내 책을 보내 주었다.
- 뉴스레터에서 언급했다.
- 내 홈페이지에 그들의 홈페이지를 링크시켰다.
- 함께 점심 식사를 하며 어려운 점에 대해 이야기를 나눴다.
- 함께 미래의 계획에 대해 논하고 그들의 조언에 귀를 기울였다.
- 청구서를 제때 납부했다.

공급자들에게서 최고의 면을 이끌어 내는 것은 가장 충실한 직원에게서 최고의 면을 이끌어 내는 것과 같다. 훌륭한 5 Star Service를 창조하고 싶다면 훌륭한 5 Star 공급자를 반드시 확보해야 한다.

나는 단순히 비용을 절감하려고 다른 회사와 계약을 맺거나 새로운 직원을 고용하는 조직을 이해할 수가 없다. 공급자들과의 관계, 그들의 충성심과 서비스를 개선하는 일만 담당하는 직원을 채용하는 것은 어떤가? 혹시 그런 문제에 관해서도 비용을 아낄 수 있다고 생각하는가?

이런 직원을 채용한다고 해서 정말 효과를 볼 수 있는가? 나는 그렇다고 생각한다. 우리 회사는 IT 문제가 발생하면 데이터라이트 (Datawright)의 노먼(Norman)이나 닐(Neil)이 곧바로 조치를 취한다. 그들은 문제를 해결하기 위해 특별히 더 노력을 기울이고, 근무 시간이 지난 뒤에나 집에서도 우리를 위해 일해 줄 것이다. 우리 회사의 홈페이지에 오류가 발생하면 트라이사이클 미디어(Tricycle Media)의 앨런(Alan)이나 그의 팀원이 우리가 합의한 대응 속도보다 빨리 고쳐 줄 것이다.

그렇다고 해서 중소업체만 이런 속도로 일할 수 있는 것은 아니다. 우리는 HSBC와도 만족스러운 파트너십을 형성하고 있으며, 나는 계속해서 피어슨사에서 책을 낼 것이다. 피어슨이 세계에서 규모가 가장 큰 출판사 중 하나이기 때문이 아니라 내가 고객들에게 메시지를 전달할 수 있도록 나와 유익한 관계를 형성했기 때문이다.

이제부터 당신과 공급자들과의 관계가 어떤지 알아보고 관계를 개선할 수 있는 간단한 방안을 소개하겠다.

1. 공급자들의 목록을 작성하라. 힌트를 주겠다. 공급자들이 당신

에게 청구서를 보낼 테니 그들의 이름이 적힌 부분을 출력하면 된다.

2. 각각의 공급자가 무엇을 원하는지 생각해 보라. 동료들에게도 물어보고 종이에 적어 둬라.

3. 그들에게 알려라. 직접 만나고 전화 통화를 하고 공급자들을 위한 행사를 열어라.

4. 그들에게 소식을 전하라. 특히 일이 성사되었을 때 반드시 알려 주어라. 감사 카드, 친필 카드, 작은 선물 등이 막강한 영향력을 발휘할 수 있다.

5. 청구서를 제때 납부하라. 만일 사정이 생겨 그럴 수 없다면 이유를 설명하고 언제 납부할 수 있는지 알려라.

6. 다른 공급자가 더 나은 조건을 제시할 때는 기존에 같이 일한 공급자에게 미리 알리고 나서 새로운 공급자와 계약하라. 그들이 비용을 조금 더 청구할 만한 타당한 이유가 있을지도 모른다. 그들이 최저가격보상제도를 운영할지 혹시 아는가.

서비스 PR에
신경 써라

★ 당신은 무엇으로 유명한가? 고객 서비스로 상을 받을 수 있겠는가?

앞에서 당신의 서비스 측정도를 체크해 보았다면 당신이 고득점을 올릴 잠재력이 있는 분야 중 한 가지가 서비스 PR이라는 점을 알았을 것이다. 간단히 말해서 PR은 사람들이 당신에 대해 어떤 이야기를 나누는지에 관한 것이다. 이것은 주로 대중매체에서 당신이 어떻게 비춰지는지에 관한 것이지만, 요즘에는 온라인상에서, 고객들 사이에서, 심지어 당신의 직원들 사이에서도 어떻게 비춰지는지까지를 포함한다.

그래서 자신의 훌륭한 서비스를 알리는 데 도움이 될 만한 상술과 아이디어를 얻으려고 PR 회사에 어마어마한 비용을 들이는 조직도 있다. 하지만 돈을 그렇게 많이 들였는데도 결과가 좋지 않은 경우가 많다.

또한 자신의 형편없는 서비스에 관한 이야기가 공개되지 않게 하려고 엄청난 비용을 들이는 조직도 있다. 이사회 회의에서 회사 예산을 분배하는 장면을 떠올려 보라. 간부 중 한 명은 자신의 '방어적인 PR을 위한 예산'이 삭감될까 봐 겁에 질려 있을 것이다.

그리고 마지막으로, 홍보할 거리가 많은 조직도 있다. 이런 조직은 사람들의 관심을 불러일으키도록 PR도 적당히 하지만 긍정적인 PR의 대부분을 고객들에게 맡긴다. 회사가 필요할 때마다 자신들의 경험에 대해 열변을 토하고 회사를 기꺼이 옹호해 주는, 충성심 높은 고객들 말이다.

그렇다면 어떻게 해야 환상적인 서비스 PR을 창출할 수 있는가? 이제부터 당신이 걸음마를 떼는 일을 도울 수 있는 일곱 가지 단계를 소개하겠다.

1단계 - 환상적인 5 Star Service를 창출하라: 한번은 전국 고객 서비스 상을 타고 싶어 하는 클라이언트가 있었는데, 나에게 어떻게 해야 수상할 수 있겠느냐고 물었다. 내가 생각하기에 필요한 사항들을 설명해 주었더니 그는 이렇게 물었다. "더 쉬운 방법은 없습니까?"라고 말이다.

2단계 - 모든 직원에게 당신이 환상적인 서비스 PR을 창출하고 싶어

한다는 사실을 알려라: 이것 역시 당연한 이야기이지만 얼마나 많은 사람이 서비스에 관한 생각이나 경험을 비밀에 부치고 싶어 하는지 안다면 깜짝 놀랄 것이다. 성공 사례, 학습 경험, 고객의 까다로운 요구 등에 부응할 수 있는 방법을 공유하도록 직원들을 장려하라.

3단계-당신이 하는 일을 기록으로 남겨라: 사람들에게 들려줄 수 있는 멋진 일화가 있다는 것은 좋은 일이다. 하지만 사람들이 읽을 수 있도록 일화를 기록으로 남긴다면 더욱 좋을 것이다.

4단계-성공 사례를 공유하라!: 뉴스레터를 작성하고 보도 자료를 배포하라. PR 회사를 고용하고 당신의 홈페이지에 당신이 얼마나 대단한지 열심히 홍보하라.

4.5단계-4단계가 별 성과를 올리지 못했더라도 낙담하지 마라!: 훌륭한 서비스 PR은 시간도 제법 걸리고 당신이 얼마나 뛰어난지에 대해 직접 외치는 것보다 훨씬 강력한 요소를 필요로 한다. 그렇다. 당신의 고객들이 외쳐야 한다.

5단계-고객들에게 외칠 만한 것을 주어라: 훌륭한 무료 e-book 『깔때기 뒤집기(Flipping the funnel)』에서 저자인 세스 고딘은 고객들에게 당신을 홍보할 수 있는 목소리를 주는 것에 대해 이야기한다. 고객들에게 당신에 대해 어떻게 외치면 되는지 알려 줄 수 있다면 당신의 서비스 PR이 어떤 모습일지 상상해 보라.

6단계 – 공식적으로 인정받아라 : 고객 서비스 대회에 당신의 조직을 참가시켜라. 혹시 수상할 수 있을지 누가 알겠는가? 아니면 당신이 이룩한 성과에 대해 나에게 편지를 보내라. 독자들에게 도움이 될 것이라는 판단이 들 경우 나는 언제나 성공적인 서비스 사례를 공유할 준비가 되어 있다.

7단계 – 말한 것은 반드시 실천에 옮겨라 : 당신의 조직을 5 Star Service를 실천하는 조직으로 홍보한 이상, 예전처럼 경험 미숙, 경기 침체, 충분하지 않은 직원 훈련, 회사 방침 등을 핑계로 삼아서는 안 된다.

서비스 PR은 돈을 주고 살 수 있는 것이 아니다. 설령 살 수 있다고 해도 그런 PR은 오래 가지 못한다. 서비스 PR은 당신의 성공적인 서비스를 진심으로 자축하는 것에서 비롯된다. 당신의 고객들도 당신의 훌륭한 서비스를 축하하게 하라.

사각지대를
찾아내라

★ 모든 식당, 상점, 여객기, 홈페이지, 고객의 경험에는 맹점이 있기 마련이다. 이때의 맹점이란 고객 또는 고객의 문제나 요구 사항이 보이지 않는 사각지대를 말한다.

내가 가장 즐겨 가는 음식점 중 한 군데로 뉴캐슬에 있는 카페 비보(Caffe Vivo)가 있다. 집에서 가까운데다, 음식도 훌륭하며, 서비스도 가히 환상적인 곳이다. 나는 가족과 친구들뿐 아니라 일 때문에 만난 사람들과도 이 음식점을 자주 찾는데 단 한 번도 실망한 적이 없었다.

그러다 어느 날 의외의 일이 벌어졌다. 우리는 평소처럼 자리에 앉아 메뉴를 살폈다. 맛있는 음식을 먹을 생각에 입에 침이 고이기 시작했고 곧 주문할 준비가 되었다. 그런데 아무리 기다려도 아무도 우리에게 눈길조차 주지 않았다. 나는 기다리는 것은 영 체질에 맞지 않아 결국 손을 흔들었다. 그랬더니 그제야 웨이터가 와서 주문을 받았다.

전채 요리는 그야말로 흠잡을 데가 없었다. 메인 요리도 마찬가지였다. 그러나 음료를 더 주문할 때가 되자 똑같은 문제가 발생하고 말았다. 나는 또다시 손을 정신없이 흔들어야만 했다.

이쯤 되자 문제는 분명해졌다. 우리가 '사각지대'에 앉아 있었던 것이다. 음식점 안에 손님이 잘 안 보이는 구석이 있었던 것이다. 우리는 카페 비보가 얼마나 멋진 곳인지 알고 있었기 때문에 이날 있었던 일로 기분이 상하지는 않았다. 그들이 우리의 감정 계좌에 돈을 넉넉히 입금해 둔 상태라 출금을 조금 했다고 해서 문제될 것은 없었다. 그러나 진짜 문제는 우리가 지적하기 전까지 그들이 이런 문제가 있는 줄도 몰랐다는 것이다.

이것이 바로 사각지대의 문제이다. 사람들이 사각지대에 관한 문제를 바로잡고 싶지 않은 것이 문제가 아니라 그런 문제가 있다는 사실을 모르는 것이 문제이다. 게다가 사각지대는 어디에서나 볼 수 있다.

- 당신의 홈페이지 내비게이션
- 신청서에 질문이 표현된 방식
- 선반의 배치
- 오해의 소지가 있는 가격 정책

- 소프트웨어 오류

- 팀원의 불량한 태도를 모르는 것

그렇다면 어떻게 해야 자신의 맹점을 찾아낼 수 있을까? 맹점을 찾고 나서는 어떻게 해야 할까?

이 대목에서 고객들이 당신을 기꺼이 도와줄 것이다. 하지만 제대로 된 질문을 던져야 가능하다. 만일 "오늘 전반적으로 어떠셨습니까?"라고 묻는다면 대개는 "괜찮았어요"라는 대답이 돌아올 것이다. 실제로는 괜찮지 않았더라도 말이다.

그러니 '괜찮았다'라는 대답을 듣고 나서 더 나은 질문을 던지는 것은 어떨까? 가령, "그렇게 말씀해 주서서 감사합니다. 하지만 저희가 꼭 한 가지 점을 고쳐야 한다면 어떤 것이 있겠습니까?"라고 묻는 것은 어떨까? 이 문제에 관해서는 '조용한 고객을 조심하라'에서 더 많은 정보를 얻을 수 있다.

당신의 사각지대를 찾을 수 있는 또 다른 방법은 시험하고, 시험하고, 시험해 보는 것이다. 그리고 관찰하고, 관찰하고, 관찰을 거듭해 아이디어를 실행에 옮기고 재검토하라.

사람들은 대체로 시험은 조금만 하고, 관찰도 적게 하며, 아이디어를 실행에 옮기거나 재검토하는 일은 거의 또는 아예 하지 않는다. 하지만 당신은 이런 사람이 아니다.

컴퓨터 게임 디자이너들은 직접 만든 게임을 테스트해 줄 사람들을 고용한다. 그들은 한 번에 몇 시간씩 게임을 하면서 터무니없는 상황을 만들어 보고 결과를 모니터한다. 당신의 시스템도 이런 식으로 테스트할 경우 결과가 좋을 것 같은가? 나는 당신에게 다양한 시간대에 여러 가지 일을 시험해 보기를 권한다. 그리고 직원들이 어디에 배치되어 있는지 시험하고, 속도, 배치, 눈높이 등 모든 것을 시험해 보라.

자신의 사업을 지켜보는 일이 호사라고 여겨지는 경우가 많다. 당신이 사장인 경우에는 특히 그렇다. 우리는 리더십에 관한 전형적인 난제에 시달리고 있다. 이는 사업에 '관해' 일하는 것보다 사업체 '안'에서 일하는 데 너무 많은 시간을 들인다는 뜻이다.

당신이 술집을 운영한다고 생각해 보자. 가만히 앉아서 고객들이 어떻게 행동하는지 관찰하고, 그들이 술을 얼마나 자주 마시는지 알아보고, 그들이 무엇을 요청하는지 듣고 요구 사항을 인지한다면 얼마나 편하겠는가? 이런 방식으로 일하면 아주 편할 것이다.

하지만 당신이 술집을 운영할 가능성은 낮다. 그럼 어떤 방법이 있겠는가? 이제 쉬운 일만 남았다. 조치를 취하는 것이 그것이다.

고객은 항상
주시하고 있다

★ 당신은 어떤지 모르겠지만 나는 상습적으로 남의 말을 엿듣기를 좋아한다. 나도 나를 어쩔 수가 없다! 나는 기차에서 다른 사람들의 대화를 듣는 것을 좋아하고, 음식점, 상점, 호텔의 뒤편에서 어떤 일이 벌어지는지에 관심이 많다. 하지만 뭐니 뭐니 해도 내가 가장 좋아하는 것은 직원 두 명이 자신들이 일하는 회사에 대해 이야기하는 것을 엿듣는 것이다. 당신도 이런 상황을 즐기지 않는가?

이때 물론 가장 손쉬운 방법은 당신은 절대로 이런 짓을 하지 않고, 항상 남의 사생활을 존중하는 것이다. 하지만 만일 상점에 있는데 직원 두 명이 자신들의 회사를 비난하는 것을 우연히 듣게 된다면 상점을 바로 나서지 않고 조금 더 들어 보지 않겠는가? 그러고 나서 고생해서 번 돈을 쓰고 싶은지 아닌지 결정하지 않겠는가?

그렇다. 고객은 이처럼 항상 당신을 주시하고, 당신에 대해 듣고, 읽는다. 그리고 고객들은 본래 참견하기를 좋아한다. 그들은 정보에 밝기를 원하고 당신을 곤란에 빠뜨리고 싶어 한다. 따라서 고객에게 잘 보이지 않는 구역이 더럽거나 사무실이 깔끔하게 정돈되어 있지 않다면, 당신은 고객의 마음속에 즉시 의심의 씨앗을 심는 것이다.

첫인상을 결정하는 데는 단 한 번의 기회밖에 없다

나는 사업을 막 시작한 때를 기억한다. 그때 내가 가진 것이라고는 열정뿐이었다. 브레이크가 고장 나 약속 장소까지 타고 갈 차도 없어서 중고차를 빌려야 했을 정도였다. 영업을 시작한 첫 주에 나는 스무 명의 고객을 만나겠다는 목표를 세웠다. 그날도 다른 날과 마찬가지로 차를 고객의 사무실 앞에 세워 두고 기쁜 마음으로 미팅에 참석했다. 프레젠테이션을 하면서 고객에게 엄청난 성공을 보장해 주겠노라고 약속하고 정확히 어떤 방법으로 그런 일을 해 낼 것인지 자세히 설명했다.

미팅이 끝나고 나서 중고차를 타러 돌아왔을 때 나는 우연히 건물을 올려다봤다가 깜짝 놀랐다. 방금 만났던 고객이 나를 창문 너머로 내려다보고 있었기 때문이다. 그는 냉소적인 미소를 짓더니 내가 빌린 차를 가리키며 '차 정말 멋지군요'라고 입모양으로 말했다.

과연 내가 이때 어떤 이미지를 보여 주고 있었던 것일가? 고객에게 지금보다 더한 성공을 약속한 지 불과 몇 분도 지나지 않아 나 자신의 성공도 보장할 수 없을 것 같은 모습을 보인 것이다! 명심하라. 고객은 당신을 항상 주시하고 있다.

당신의 비즈니스 영역 중에서 고객들이 보지 않았으면 좋겠다고 생각하는 것이 있다면 변화를 주어라. 당신이 자랑스러워할 수 있는 환경으로 변신시켜라.

고객들은 듣기도 한다. 고객은 직원들이 자신의 요구를 처리하는 대신 자기들끼리 수다나 떠는 것을 무례하고 예의가 없다고 여긴다. 고객은 항상 귀를 세우고 듣고 있다.

요즈음은 그 어느 때보다도 고객들이 블로그, 평가 게시판, 메신저, 소셜 미디어 등을 통해 목소리를 내기 쉬운 시대이다. 그들을 막을 수는 없지만 그들의 이야기에서 무엇인가를 배울 수는 있다.

사람들이 온라인상에서 당신의 조직에 대해 하는 말이 창피하다면 어떤 조치를 취할 것인가? 일이 수습할 수 없을 지경이 되었다면 그 책임은 누구에게 있는가?

고객이 구글에서 이용해 볼 만한 항공사를 검색했을 때 제일 처음 뜨는 이미지가 밤에 승무원들이 술에 취한 것이었다고 가정해 보자. 당신 같으면 이 항공사를 이용하고 싶겠는가? 나라도 결정을 재고할 것이다.

당신의 고객들은 당신을 주시하고 있으며, 당신이 생각하는 것보다 훨씬 주의 깊게 관찰하고 있다. 그들은 당신의 대화를 엿듣고, 페이스북에 올린 사진도 살펴본다. 당신의 '비밀'이 더 이상 비밀이 아닌 것이다.

그렇다고 해서 이것이 나쁘기만 한 것은 아니다. 고객들은 그 어느 때보다도 현명하다. 이제부터 당신이 고객에게 신경 쓴다는 것을 보여 주기 위해 할 수 있는 일을 몇 가지 소개하겠다.

- 구글에서 당신의 회사 이름과 '고객 서비스'를 검색해 보라. 회사에 관한 자질구레한 정보는 건너뛰고 사람들이 실제로 어떤 이야기를 하는지 살펴보라.
- '직원 외 출입 금지' 구역이 어떤지 점검하라. 고객들이 보더라도 괜찮을 것 같은가? 부엌이 있는 경우에 자신 있게 공개할 수 있겠는가?
- 직원들이 회사에 대해 이야기할 때 반드시 긍정적인 면에 대해 말하도록 하라. 고객들이 어떤 이야기를 들었으면 좋겠는가?
- 부정적인 피드백을 받았더라도 숨지 말고 응답하라. 이 문제에 대해 더 많은 정보를 원한다면 '신기술을 포용하라'를 참고하라.

비밀 고객 서비스를
이용하라

★ 비용을 감당할 수 있다면 서비스 능력을 향상시키기 위해 비밀 고객 서비스를 이용해 보라. 우수한 비밀 고객 서비스업체는 이런 면에서 도움이 된다.

- 당신의 도움 없이도 작업에 착수할 수 있다.
- 무엇이 문제인지 알아낸다.
- 무엇이 제대로 되고 있는지 짚어 준다.
- 시스템을 테스트한다.
- 매출을 향상시킨다.
- 직원들을 훈련시킬 수 있게 돕거나 직접 훈련시킨다.

기본적인 아이디어는 아주 간단하다. 비밀 고객 서비스업체에 당신이 무엇을 알아내고 싶은지 알려 준다. 그러면 업체에서 당신의 조직에 사람을 파견하여 쇼핑을 하거나 음식을 먹거나 전화를 거는 등 다른 고객처럼 당신의 서비스를 이용한다. 그리고 나서 처음에 당신과 브리핑했을 때 이야기했던 기준을 바탕으로 피드백을 제공한다. 이처럼 간단하다.

단, 비밀 고객 서비스를 통해 정확히 무엇을 알아내고 싶은지 분명하게 알아야 하며, 당신과 마음이 잘 맞는 사람을 찾아야 한다.

'시크릿 서비스(Secret Service)'라는 기업은 전반적인 경험을 즐겁고 교육적이고 유익하게 해 주는 비밀 고객 서비스업체이다. 창립자인 린다 이스트우드는 나에게 올바른 비밀 고객 서비스업체를 이용할 경우, 매출을 향상시키고 직원들의 충성도를 높이고 무엇이 잘 안 되고 있는지 또한 무엇이 제대로 되고 있는지 알아낼 수 있다고 설명했다.

내가 린다를 만났을 때, 그녀는 비밀 고객 서비스에 대해 사람들이 잘못 생각하는 면이 많다고 했다. 아래에 그중 다섯 가지를 소개한다.

1. 직원들에게 비밀 고객 서비스를 신청했다는 것을 알리지 마라. 그래야만 나쁜 점까지 골고루 피드백을 받을 수 있다.

- 직원들에게 반드시 알려라! 당신이 비밀 고객 서비스를 이용

한다는 것을 그들이 왜 알면 안 되는가? 직원들을 신뢰하지 않는가? 당신이 직원들에게 알리지도 않고 매장 안으로 스파이를 들여보냈다는 것을 알고 나면 그들은 당신을 신뢰하지 않을 것이다.

2. 직원들에게 비밀 고객 서비스를 신청했다고 알리면 비밀 고객이 도착하기도 전에 서비스 수준이 향상되지 않겠는가? 그러면 서비스를 이용할 이유가 없어지지 않는가?

- 당신의 고객 서비스 수준이 벌써 향상되고 있으니 오히려 잘된 일 아닌가?

3. 타인이 직원들이 잘못하고 있는 점을 찾아낸다면 나는 책임에서 벗어나므로 비밀 고객 서비스업체를 이용하는 것이 좋다.

- 하지만 이것은 모두의 책임에 관한 것이다. 비밀 고객 서비스를 이용하면 직원들의 훈련 수준, 시스템 상태, 인적 자원에의 투자에 대해 뼈아픈 진실을 마주해야 할지도 모른다. 그럴 마음의 준비가 되어 있는가?

4. 이런 서비스를 이용하면 직원들의 사기가 꺾이지 않겠는가?

- 이 문제는 당신이 비밀 고객 서비스 경험을 어떻게 다루는지에 전적으로 달려 있다. 만일 잘못된 점에 초점을 맞춰 비밀리에 서비스를 이용한다면 실제로 직원들의 사기가 꺾일지도 모른다. 그러니 직원들이 잘한 것이 있으면 보상을 해 주고 재미있는 경험이 되게 하라. 그러면 직원들은 비밀 고객이 자주 나타났으면 좋겠다고 생각할 것이다.

5. 사업의 규모가 작으니 그냥 가족이나 친구들에게 도움을 청할 계획이다.

- 소규모의 사업을 운영하는 사람들은 흔히 가족이나 친구들에게 비밀 고객의 역할을 해 달라고 부탁하는데, 이는 큰 실수이다. 가까이 지내는 사람들에게 부탁하면 그들은 당신을 돕는답시고 벽지 색부터 시작해서 직원이 전화를 받는 데 걸리는 시간에 이르기까지 오만 가지를 비판할 것이다. 그러면 당신은 매우 언짢아질 것이고, 친구들은 당신의 사업이 형편없다는 인상을 받을 것이다.

전문적인 비밀 고객 서비스업체를 이용하지 못할 경우라면 당신이 속한 동업 집단의 구성원 중 한 명을 이용하는 것은 어떤가? 그들에게 똑같은 방식으로 보답하는 것도 좋다. 하지만 긍정적인 자세를 유지해야 한다는 점을 잊지 마라. 비밀 고객은 사람들이 무엇을 제

대로 못하는지 관찰할 뿐 아니라 무엇을 제대로 하는지 관찰하기도
한다.

고객의 특별한
요구 사항을 존중하라

★ 내 아내는 유당불내증이 있다. 이 말은 그녀가 우유, 크림, 치즈, 요구르트 등이 들어간 음식을 먹으면 며칠 동안 심하게 아프다는 뜻이다.

안타깝게도 주위에 이런 과민증에 시달리는 사람이 없거나 실수로 유제품을 한 입 먹었을 때 어떤 부작용이 나타나는지 모른다면 아마도 내 아내가 입맛이 대단히 까다롭거나 할리우드에서 인기 있는 다이어트를 한다고 생각할지도 모른다. 하지만 이것은 그런 차원의 문제가 아니다.

우리가 음식점에서 주문할 때 어떤 장면이 연출될지 상상해 보라. 크리스틴은 매번 웨이터에게 이렇게 묻는다.

"주문하기 전에 좀 여쭤볼 게 있는데요. 혹시 여기에 유제품이 들어가나요? 제가 유당불내증이 있어서 유제품이 들어간 음식은 못 먹거든요."

그러면 웨이터가 "유제품은 안 들어가는 것으로 알고 있습니다"라고 대답하고, 우리는 안심하고 주문한다. 하지만 음식이 나오면 크리스틴은 감자를 살펴보고 나서 다시 웨이터를 불러 묻는다.

"여기 유제품이 들어 있지 않은 게 확실한가요?"

웨이터는 짜증을 내면서 주방으로 들어갔다가 테이블로 돌아온다. 그러고는 "주방장한테 물어보니까 감자 안에 크림이 조금 들어 갔다고 하네요"라고 알려 준다. 이것은 마치 채식주의자에게 "고객님이 주문하신 '고기가 안 들어가는 버섯 리소토'에는 소고기가 조금밖에 들어 있지 않습니다"라고 말하는 것이나 마찬가지다. '약간의' 크림이 크리스틴을 며칠이나 아프게 한 적도 있었다.

이번에는 정반대의 일화를 소개하겠다. 런던에 있는 루벤스(Rubens) 호텔은 크리스틴이 유당을 소화시키지 못한다는 것을 알고 있었다. 같은 계열의 호텔에서 알려 주었기 때문이다.

우리는 그곳에 하룻밤을 묵었지만 금방 팬이 되고 말았다. 체크인을 마치고 나서 방에 올라갔을 때 룸서비스 메뉴가 두 개였기 때문이다. 하나는 일반 메뉴였고, 다른 하나는 주방장이 직접 체크한 메뉴였다. 그 메뉴에는 크리스틴이 먹을 수 있는 음식이 전부 표시되어 있었다. 우리는 밖에 나가서 식사할 계획이었지만 생각을 바꿔 결국 호텔에서 룸서비스를 시켰다.

당신의 고객에게 특별한 요구 사항이 있을 때 당신은 선택을 할 수 있다. 속으로는 불평을 하면서 겉으로는 고객의 화를 달래고 차선책을 제시하거나 훌륭한 맞춤 서비스를 제공하여 고객을 감동시킬 수도 있다. 그러나 무엇보다도 당신은 고객의 니즈를 진정으로 이해한다는 것을 보여줘서 그 누구에게나 당신이 얼마나 멋진지 이야기해 줄 팬을 만들어야 한다.

이것은 비단 음식에만 국한되는 것이 아니다. 당신을 아침 일찍 만나고 싶어 하는 사람도 있을 수 있고, 반대로 밤늦게 만나고 싶어 하는 사람도 있을 수 있다. 종교적인 시각이 문제가 되는 경우도 있다. 당신에게는 이해할 수 없는 일이더라도 고객에게는 근본적인 생활방식과 관련된 일일 수 있다. 많은 사람이 장애에 시달린다. 아무리 경미한 수준이더라도 그들이 당신의 배려를 필요로 한다는 것을 잊지 마라.

고객의 요구 사항이 무엇인지 모르거나 고객을 어떻게 도울 수 있는지 확실하지 않다면 주저하지 말고 물어보라. 나는 여태까지 특별한 요구 사항이 있는 사람이 누가 물어본다고 해서 언짢아하는 것은 본 적이 없다. 그것이 묻지 않아도 알 만한 요구 사항이더라도 말이다.

마지막으로, '고개를 들어 주위를 살피는 접근법'을 이용하기를 권한다. 누군가가 도움을 필요로 하지 않을 것 같은 순간에도 방심해서는 안 된다. 가격이 더 큼지막하게 인쇄된 목록 준비하기, 자주 묻는 질문에 여러 가지 언어로 답변 달기, 다른 문화에 대해 간단하게나마 이해하기, 주변 환경을 의식하고 그런 환경이 다른 사람들에게 어떤 영향을 미치는지 이해하기와 같은 작은 일들이 큰 차이를 불러 올 때도 있다.

어떤 영향을 미치는지 이해하기와 같은 작은 일들이 큰 차이를 불러 올 때도 있다.

해결책을
판매하라

★ 나는 스카이(Sky) 위성방송을 무척 좋아한다. 스포츠, 영화, 다큐멘터리, HD, 멀티룸 서비스 등을 골고루 이용한다. 그래서 새로운 브로드밴드 서비스업체를 선택할 때가 되었을 때 나는 스카이의 광통신망 서비스를 살펴보았다. 비용도 저렴하기에 고민하지 않고 새로운 서비스를 주문했다.

주문하는 과정이 따분했지만 나는 충성스러운 고객이니까 그들을 용서했다. 약속한 대로 신제품을 크리스마스까지 배달해 주기만 하면 되었다. 배달 일정이 조금 늦춰졌지만 나는 충성스러운 고객이니까 또 한 번 눈감아 주었다. 그런데 라우터를 비롯한 여러 장치가 크리스마스이브에나 도착했고 집에 있는 컴퓨터 중 한 대만 작동했다. 다행히 내 것이 작동했는데, 아이들에게는 정말 안타까운 일이었다.

크리스마스에 페이스북이나 MSN에 접속하지 못하는 10대 청소년의 기분이 얼마나 끔찍할지 상상이 가는가.

그다음부터가 정말 신나는 부분이다. 그 후로 2주간 나는 거의 매일 기술 지원을 담당하는 사람들과 통화했다. 모두 공손하고 인내심이 있고 도움을 주었지만, 어느 누구도 우리의 노트북 컴퓨터를 인터넷에 연결해 주지는 못했다. 결국 여러 사람을 거쳐 엄청난 지식을 가진 컴퓨터 전문가와 통화를 할 수 있었다. 그의 평판이 얼마나 좋은지 그가 인터넷을 만든 장본인이라고 해도 나는 의심하지 않았을 것이다.

그의 첫 번째 질문은 "노트북에 무선 USB 스카이 동글(컴퓨터 접속 케이블)을 이용하고 계십니까?"였다. 나는 스카이 동글이라는 것이 무엇인 줄도 몰랐기 때문에 그런 것은 어디에서 구할 수 있느냐고 물었다. 그랬더니 이런 대답이 돌아왔다.

"저희 스카이에서 동글을 판매하고 있습니다. 한 개에 20파운드이고, 익일 택배 서비스를 통해 댁에서 받아 보실 수 있습니다."

문제는 그렇게 해결됐다. 하지만 나는 어리둥절할 수밖에 없었다. 20파운드만 내면 해결할 수 있는 문제를 두고 나는 대체 왜 그렇게 사랑스럽고 인내심 많은 스카이의 기술 지원팀과 오랫동안 이야기를 나눈 것일까? 왜 지난 2주일간 일주일에 서너 번씩, 하루 평균 두 시간이나 이야기를 나눴던 것일까? 왜 IP 주소를 재설정하고 오만 가지를 시도해 본 것일까?

알고 보니 해결책은 아주 간단했다. 그런데 그렇게 많은 사람 중에 나에게 이런 해결책을 제시한 사람은 왜 한 명도 없었을까? 그럴 경우 나에게 물건을 구입해 달라고 부탁해야 했기 때문이다. 많은 사람들이 물건을 사 달라고 하는 것은 훌륭한 고객 서비스를 제공하는 것이 아니라고 잘못 생각한다.

물론 이 문제에는 두 가지 생각할 부분이 있다. 그러나 이것은 다음의 간단한 질문으로 쉽게 해결할 수 있다. '고객이 해결책을 찾는 데 비용을 들일 경우 더 나은 서비스를 받을 수 있고 자신이 가치 있게 느껴질 것인가?'가 그것이다. 하지만 올바른 방법으로 접근하고 고객의 니즈를 최우선으로 삼는다면 대부분의 사람은 해결책을 얻기 위해 기꺼이 비용을 지불할 것이다. 물론 이것은 실질적인 가치가 있는 경우에만 해당한다. 아래에 예시를 몇 가지 소개한다.

- 좌석에 앉아서 서비스를 받고 싶고, 더 넓은 좌석과 편안하고 조용한 여행을 원하는가? 그럼 당신은 일등석 표를 살 것이다.
- 퇴근했을 때 옷이 다려져 있고 집이 티끌 하나 없었으면 좋겠는가? 그럼 당신은 가정부를 고용할 것이다.
- 컴퓨터의 성능이 뛰어나고 오류가 나서 멈추는 일이 없고 영상과 사진을 원 없이 저장하기를 원하는가? 그럼 당신은 메모리 용량이 크고 더 나은 프로세서를 탑재한 컴퓨터를 살 것이다.

5 Star Service를 실천한다는 것은 더 나은 가치를 제공할 수 있는데도 고객에게 비용을 더 부과하지 않는 것을 의미하지는 않는다.

사실 해결책을 판매하는 것이 고객에게 훌륭한 경험을 제공하는 최선의 방법일 수도 있다. 이를 당신이 이해하기 쉽도록 다음과 같이 간단한 표로 그려 보았다.

5 Star Service의 시간/비용 표

적은 시간 / 적은 금액 : 완벽한 상황이다. 모두가 행복하다.

많은 시간 / 적은 금액 : 돈을 주고 해결책을 구입할 수 있다면 고객에게 알려라. 그들에게 선택권을 주어야 한다.

적은 시간 / 많은 금액 : 고객이 비용을 어디에 투자하는지 정확하게 알리는 것이 중요하다. 투자 결과가 어떨 것인지 분명하게 알려라.

많은 시간 / 많은 금액 : 가장 이상적이지 않은 상황이다. 이쯤 되면

문제를 바로잡기 위해 대대적인 조치를 취해야 한다. 고객에게 추가
로 어떤 가치를 제공할 수 있는가?

처음부터
다시 하라

★ 여기에 이르기까지 당신은 정말 열심히 일했다. 완벽한 서비스를 향해 나아가는 당신에게 정말 잘했다고 칭찬해 주고 싶다. 입에 침이 마르도록 칭찬받아 마땅하다. 하지만 능력이 빠른 속도로 향상되는 바람에 당신은 고객들과 멀어지고 있다. 이것이 걱정할 일인가? 고객들에게서 멀어지지 않도록 무엇인가 해야 하는가? 해야 한다면 어떤 일을 해야 하는가?

방법은 간단하다. 데니 플래너건 기장에게서 한 수 배워 보라. 나는 앤서니 윌리엄스에게서 플래너건 기장을 소개받았는데, 앤서니는 나에게 이렇게 말했다.

"마이클, 고객 서비스에 대해 책을 쓰고 계시다면 반드시 데니 플래너건을 만나 보십시오."

플래너건 기장은 유나이티드 항공사(United Airlines) 소속의 베테랑 기장으로서 대단히 존경받는 인물이다. 워낙 오랫동안 비행을 했으니 직접적인 고객 서비스는 승무원이나 비행기 운행 관리원에게 맡길 수도 있지만, 그는 그렇게 하지 않는다. 사실 플래너건 기장은 고객을 어떻게 세세하게 보살필 수 있는지를 보여 주어 팀원들의 귀감이 되고 있다.

나는 그에 대해 더 많은 정보를 얻어야 했기 때문에 그를 찾아내어 나의 미션에 동참하고 싶은지 물었다! 아래에 기장이 보내준 편지의 일부를 소개하겠다.

헤펠 씨 안녕하십니까,

이렇게 편지를 주셔서 감사합니다. 헤펠 씨를 구글에서 찾아보고 깜짝 놀랐습니다. 상당히 많은 업적을 쌓으셨더군요. 제안해 주신 대로 사람들을 '친절하게' 대하는 것에 대해 널리 알리자는 데 뜻을 같이 하겠습니다.

직원들이 자신들의 급료가 문을 열고 들어오는 고객에게서 나온다는 것을 깨닫는다면 아침에 출근할 때 더 밝은 표정일 것입니다. 저는 세부적인 서비스를 제공하는 데 치중하지만 그 효과는 여전히 전염성이 있습니다. 저희 항공사에는 고객들을 만족시키려는 엄청난 열망을 지닌 직원들이 있는데요, 저희는 서로를 격려하며 더욱 발전하고 있습니다. 이런 직원의 수는 계속 늘어나는 추세이고요.

서비스 산업에서 성공하는 비결은 매우 간단합니다. 고객들의 니즈를 예상하고 그들의 기대를 뛰어넘으면 됩니다. 저는 서비스 철학이 몇 가지 있는데요, 그것들은 수년간 효과가 증명된 것들입니다. 아래에 몇 가지만 소개해 보겠습니다.

'모든 승객을 비행기를 처음 타서 아무런 기대도 없는 승객처럼 대하라.' 저는 항상 솔선수범하려고 노력하는데요, 제가 먼저 본을 보이면 승무원들이 일을 더 잘할 수 있도록 자극하는 데 도움이 되는 것 같습니다. 제가 고객의 짐을 집어 넣고, 유모차를 들어주고, 마치 처음 들어 보는 질문인 양 고객의 질문에 대답하는 것을 보면 승무원들이 처음 일하던 시절을 떠올리게 되거든요.

'아무래도 새로운 고객을 찾는 것보다는 기존에 있는 고객을 유지하는 편이 더 쉽다.' 유나이티드 항공에는 새로운 고객을 찾으려고 헌신적으로 일하는 영업팀이 있는데, 시간도 오래 걸리고 비용도 많이 들지만 꼭 필요한 일을 하는 팀입니다. 그분들에 비하면 제 일은 훨씬 쉽고 비용도 덜 듭니다. 안전한 서비스, 고객 중심의 서비스를 제공하는 일이니까요. 제가 제 일을 제대로 하면 영업하시는 분들이 부담을 조금 덜 느끼실 겁니다.

저는 고객들과 소통하는 데 필요한 여러 가지 도구를 정신적인 도구함에 넣어 둡니다. 새로운 아이디어를 수시로 추가하지만 도구함이 무거워지지도 않고 제가 할 일이 쉬워지기만 합니다.

저는 수년간 모든 일등석 승객들에게 편지를 썼습니다. 일등석에서 일하는 승무원들에게도 썼고요. 고객들에게는 저희 항공사를 이용해 주셔서 감사하다는 의미에서, 승무원들에게는 개인적으로나 전문적으로나 항상 노력해 줘서 고맙다는 의미에서 편지를 씁니다. 그분들의 노력이 저희 유나이티드 항공사에서 근무하는 모두에게 영향을 미치니까요. 저는 이코노미석에 탑승하시는 승객 중에서도 무작위로 스무 분을 뽑아 편지를 드립니다.

나는 데니의 이런 아이디어들이 정말 마음에 들었는데 가장 마음에 들었던 것은 바로 다음의 아이디어였다.

월요일과 금요일에는 비행기가 출장 승객들로 거의 꽉 찹니다. 그런데 승객들은 대체로 복도 쪽 좌석이나 창가 쪽 좌석을 선호합니다. 그러다 보니 여러 승객이 중간 좌석에 앉아야 하는데요, 아무래도 다른 좌석들보다 불편할 수밖에 없습니다. 복도 쪽이나 창가 쪽에 앉은 승객들이 먼저 팔걸이를 점령하고, 그 후 몇 시간 동안 팔걸이를 두고 승객들이 팔을 전략적으로 움직입니다. 나란히 앉은 승객들끼리 대화도 나누지 않는 경우가 많습니다. 이야기를 하다 보면 친절한 면이 드러날 것이고, 그러면 힘들게 확보한 팔걸이를 내줘야 할지도 모르니까요.

제가 가장 최근에 도구함에 추가한 아이디어는 이렇게 고생하는 승객들을 위해 중간 좌석을 심리적으로, 그리고 실제로 넓히려는 목적에서 출발했습니다. 저는 약 2년간 월요일과 금요일에 중간 좌석에 앉은 승객들에게 짧게 메모를 써 왔습니다. 승무원이 "헤펠 씨, 기장님께서 메모를 전달해 달라고 하십니다"라고 말하면 두 가지 일이 벌어집니다. 감정적인 면에서 중간 좌석이 조금 넓어집니다. 기장이 당신의 존재를 인식했으니까요.

실제로도 좌석이 넓어집니다. 옆에 앉은 승객들이 당신이 어떤 사람인지 알고 싶어서 오른쪽이나 왼쪽으로 조금 움직이거든요. 그리고 그들은 당신과 친하게 지내고 싶어서 당신에게 계속 말을 걸 것입니다. 결국 당신은 말벗도 생기고 남은 비행 시간 동안 팔걸이를 두 개 다 점령할 수 있습니다.

와, 이 얼마나 멋진 일인가! 누가 플래너건 기장의 비행기에 타고 싶을까? 아마 누구나 타고 싶을 것이다. 당신이 비행기를 모는 일을 하지 않더라도 어떻게 하면 플래너건 기장처럼 당신의 고객들을 기분 좋게 만들 수 있겠는가? 어떻게 하면 그들이 중요한 사람처럼 대우 받고 관심 받는다는 느낌이 들게 할 수 있겠는가?

♥ 작은 감동

마이클, 통계적으로 보면 칭찬이든 불평이든 메시지 한 건을 받으면 그렇게 생각하는 사람이 100명은 더 있다고 합니다. 다른 대륙에서 온 당신의 편지를 받고 나니까 저의 적극적인 노력이 성과를 보이는 것 같아 한없이 기쁩니다. 감사합니다.

•기장, 데니
330–***–**** (제 핸드폰 번호입니다. 유나이티드 항공과 관련하여 제가 도울 일이 있으면 언제든 연락주세요.)

언덕과 골짜기의
단계를 파악하라

★ 5 Star Service 기술을 실행하면서, 당신은 자신이 몇 가지 단계를 거치게 되리라는 사실을 아마 인식했을 것이다. 앞으로 당신이 거칠 단계는 총 다섯 단계로, 나는 이를 '언덕과 골짜기'라고 부른다.

첫 번째 단계는 '만세 곡선'이라고 부르는 구간이다. 왜냐하면 이 단계는 굉장히 기분 좋은 단계로, 당신이 새롭게 얻은 생각을 실천하면 그에 대한 빠른 결과를 얻을 수 있기 때문이다. 당신은 이 책에서 배운 생각을 실천한다는 것에 흥분한 나머지 일이 잘못되고 있을 때조차도 그 사실을 전혀 인식하지 못할 수 있다. 만약 팀원 모두가 5 Star Service 기술을 실천하고 있다면, 이 '만세 곡선' 단계는 더 오래 갈 것이다.

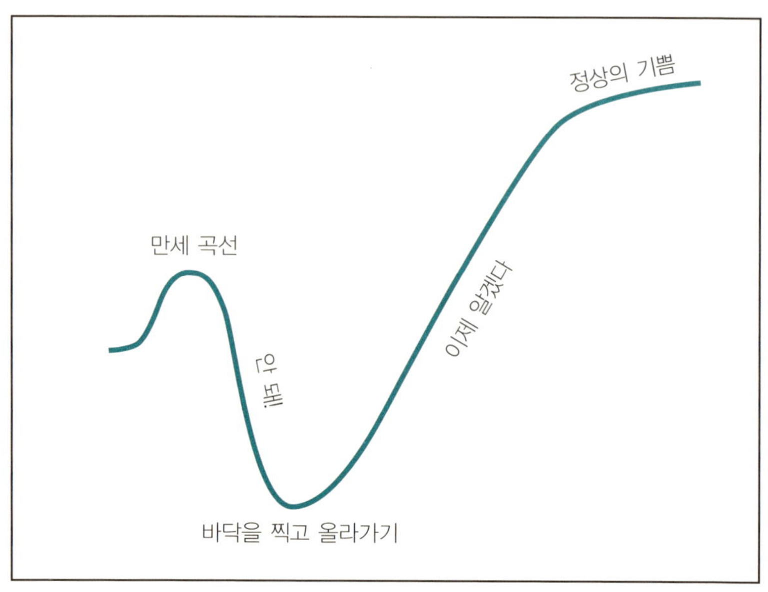

다음 단계는 '안 돼!'라고 부르는 하강 구간이다. 이 구간은 흥미로운 구간이다. 당신이 이 책에서 배운 기술을 활용하는데도 일이 잘 풀리지 않기 때문이다. 당신은 이 단계에서 크게 좌절할 수도 있지만, 5 Star Service 기술 또한 다른 새로운 기술들과 마찬가지로 오래된 습관에 접근하는 새로운 방법이라는 사실을 명심해야 한다.

예전에 골프 수업을 받을 때, 처음 서너 라운드가 지나자 더 이상 경기가 향상되지 않았던 적이 있었다. 그때 경기 성적이 나빴던 것은 내가 전문가에게 새로 배운 기술에 너무 몰두해 있었기 때문이었다. 하지만 오래지 않아 공들여 배운 새로운 기술의 효과가 나타나기 시작했고, 나는 어느 때보다 곧게 그리고 멀리 공을 치게 되었다.

다음 단계는 '바닥을 찍고 올라가기'이다. 이 단계는 상당히 고통

스러울 수 있지만, 굉장히 근사한 단계이기도 하다. 가장 낮은 곳까지 내려가면 더 크게 도약할 수 있고, 이 도약을 발판으로 다음 단계로 나아갈 수 있기 때문이다. 문제는 인내력을 가지고 이 단계를 버텨 낼 수 있는가에 있다.

너무나 많은 사람들이 이 단계를 이겨내지 못하고 포기해 버린다. 가장 최악의 상황에 이르렀지만 그것이 더 이상 내려갈 곳이 없는 바닥이라는 사실을, 그리고 이제부터는 위로 죽죽 올라갈 일만 남았다는 사실을 깨닫지 못하기 때문이다. 이 단계에서는 많은 혼란이 있겠지만, 다음에 '이제 알겠다'라고 부르는 상승 구간이 올 것이기 때문에 크게 걱정하지 않아도 된다.

다음으로 '이제 알겠다'라고 부르는 상승 단계에 접어들면 모든 상황을 이해할 수 있게 되고 그동안의 힘든 노력도 서서히 보상받기 시작한다. 어렵게 느껴졌던 서비스 기술들이 점점 쉬워지고 5 Star Service가 생활의 일부로 자리 잡을 것이다. 이 단계에 이르러서야 비로소 5 Star Service가 무엇인지 진정으로 이해하고 자기만의 방식으로 응용할 수 있으며, 전문가의 경지에 들어서는 것이다.

마지막 단계는 '정상의 기쁨'이다. 이 단계는 모든 성과가 실제로 나타나기 시작하는 최고의 단계이다. 당신은 이 단계에서 이 책에 나와 있는 생각을 실천에 옮긴 데서 나오는 모든 성과를 거두어들이고, 5 Star Service의 전문가가 될 것이다.

당신이 앞으로 이 다섯 단계를 거치게 되리라는 사실을 깨닫는 것 자체가 5 Star Service를 실천하는 중요한 과정 중 하나이다. 확신하건대, 당신이 이 다섯 단계를 모두 거치지 않는다면 5 Star Service 기술을 연마하더라도 최고의 결과를 얻지 못할 것이다. 따라서 5 Star Service를 실행에 옮겼을 때 기대했던 효과를 보지 못한다 해도 좌절해서는 안 된다. '안 돼!'라는 하강 단계에 있다는 것을 인식한 후, 행동을 바로잡고 긍정적인 태도로 도약을 기다려야 한다.

<table>
<tr><td colspan="2">★ ★ ★ ★ ★   실천사항</td></tr>
<tr><td colspan="2">각 단계를 거치면서 실천해야 할 다섯 가지가 있다. 이를 참고하여 좌절하지 말고 지속적으로 실천해 보기 바란다.</td></tr>
<tr><td>만세 곡선</td><td>즐긴다! 배운 모든 방법을 활용하고 시험한다.</td></tr>
<tr><td>안 돼!</td><td>자신이 이 단계에 있다는 것을 인식하고 주위 사람들의 지지와 격려를 받는다. 절대 포기해서는 안 된다.</td></tr>
<tr><td>바닥을 찍고 올라가기</td><td>바닥에 계속 머무르지 않고 목표를 다시 정해 더 높은 곳을 향해 나아가겠다고 결심한다.</td></tr>
<tr><td>이제 알겠다</td><td>깨달은 바를 문서로 정리한다. 자신이 얼마나 잘할 수 있는지를 깨달으면 배운 것을 쉽게 응용할 수 있다. 하지만 어떻게 그 단계까지 도달했는지 잊어버릴 때가 있기 때문에 향후 참고 자료로 활용할 수 있도록 문서로 정리해 놓아야 한다.</td></tr>
<tr><td>정상의 기쁨</td><td>다른 사람에게 자신이 배운 것을 가르쳐 준다. 도움을 받았으니 이제 도움을 베풀 차례다.</td></tr>
</table>

방해꾼과 영웅 게임을 즐겨라

★ 고객 서비스에 대해 배우고 고객 서비스를 개선시키기 위해 당신이 팀 단위로 해 볼 수 있는 게임 한 가지를 소개한다. 게임에 필요한 준비물은 다음과 같다.

- A6 크기의 카드 여러 장
- 펜
- 색깔 있는 털실
- 스패너와 영웅 그림 여러 장

나는 "계획이 엉망진창이 되었다"는 표현을 아주 좋아한다. 그 표현을 들으면 고객 서비스가 잘못되어 가는 과정이 눈앞에 그림처럼 떠오르기 때문이다. 크고 근사한 기계가 '윙윙' 소리를 내며 규칙적으로 작동하고 있는데 갑자기 누군가가 나타나서 커다란 스패너를 떨어뜨린다. 그러자 기계에서 탁탁거리는 소음이 들리더니 금속 조각이 사방으로 날아다니기 시작한다. 급기야는 연기가 나면서 기계가 서서히 멈추어 선다.

또한 나는 "당신이 우리의 영웅이에요"라는 표현도 굉장히 좋아한다. 이 표현은 누군가가 어려운 고비를 수습하고 훌륭한 일을 해내서 모든 사람을 행복하게 했을 때 쓰인다.

이제 게임 방법을 소개하겠다.

첫 번째 단계는 고객 서비스의 주제를 정하는 것이다. 적당한 예를 들기 위해서, 당신이 스포츠 게임 입장권을 파는 회사의 직원이고 국제 테니스 선수권 대회 준결승전 입장권을 마흔 장 단위로 판매할 예정이라고 가정해 보자.

두 번째 단계는 고객 서비스를 계획하고 팀 단위로 모든 단계를 A6 크기의 카드에 적는 것이다. 원하는 만큼 자세하게 기술할 수 있다. 예를 들면 이런 식이다.

1. 스포츠 게임 입장권을 마흔 장 단위로 판매한다.

2. 신문의 스포츠란에 광고를 게재한다.

3. 전화를 받을 사람을 정하고, 그 사람에게 어느 신문의 어느 날짜에 광고가 실릴지 일러 준다.

4. 걸려 오는 전화를 받는다.

5. 잠재고객에게 마흔 장 단위로 입장권을 판매하는 것에 대해 설
　명한다.

6. 고객이 입장권을 구매한다.

7. 고객이 신용카드로 결제한다.

8. 고객에게 입장권을 우편으로 발송한다.

이것은 매우 간단한 판매 과정의 예다. 물론 당신은 더 자세하게 진행할 수도 있을 것이다. 어쨌든 일단 카드를 작성하고 털실로 연결하고 나면 정말 재미있는 게임이 시작된다. 우선은 전체 인원을 두 팀으로 나누고 한 명 내지 두 명의 심판을 정한다. 물론 전체 인원수에 따라 팀과 심판의 수는 조정할 수 있다.

그리고 어느 팀이 계획을 망쳐놓는 '방해꾼'을 맡고, 어느 팀이 문제를 해결하는 '영웅'을 맡을지 동전을 던져서 결정한다. 방해꾼팀의 팀원들은 스패너 그림 카드를 한 장씩 받고 영웅팀의 팀원들은 영웅 그림 카드를 두 장씩 받는다.

그리고 나서 방해꾼팀은 어느 단계의 '계획을 망쳐 놓을지' 결정한다. 각자 고객이 되어 가장 부정적으로 반응하는 상황을 연출하는 것이다. 그런 다음에 스패너 그림 카드를 꺼내서 문제 제기를 하고 싶은 단계 위에 올려놓고 무엇이 불만인지 설명한다. 그러면 심판은 그 문제 제기가 정당한 것인지, 실제로 일어날 만한 문제인지 판단한다.

게임에서 방해꾼팀은 단순하게 광고나 게임 날짜에 관해 문의 전

화를 하는 상황을 만들어서는 안 된다. 방해꾼팀은 너무 많은 고객 전화가 한꺼번에 쇄도해서, 전화를 받는 사람이 고객이 도대체 어떤 광고에 대한 이야기를 하고 있는지 파악하지 못하고 너무 심한 스트레스를 받아서 결국 그 스트레스를 고객에게 전달하는 최악의 상황을 만들어 내야 한다. 방해꾼들이 정말로 계획을 망쳐 놓아야 하는 것이다.

이제 영웅들은 손에 들고 있는 두 개의 카드로 무엇을 할 것인지 결정해야 한다. 첫 번째 카드로는 문제를 해결할 수 있고, 두 번째 카드로는 시스템을 강화할 수 있다. 물론 첫 번째 카드로는 바쁜 시간대에 비상 인력을 투입해서 기존 인력과 함께 전화받는 일을 분담할 수 있도록 융통성을 발휘해야 할 것이다.

그리고 두 번째 카드로는 시스템의 기능 중 일부를 강화해야 할 것이다. 누군가는 시스템 중 현재 시행하고 있는 제도를 완벽하게 정비해서 오류가 생기지 않게 하는 쪽을 선택할 것이다. 그런가 하면 다른 누군가는 다른 제도를 강화하는 쪽을 선택할 수도 있다.

예를 들어, 고객 서비스 차원에서 전화를 두 번 거는 것과 같은 제도를 신설하는 것이다. 한 번은 제 날짜에 입장권을 잘 받았는지 확인하는 차원에서, 또 한 번은 이벤트가 끝났을 때 그 대회를 재미있게 보았는지 물어본 후 다음 이벤트에 대해서 홍보하기 위해서 거는 것과 같이 말이다.

마침내 양 팀이 카드를 모두 사용하고 나면, 어떤 부분을 현장에서 실제로 적용할 것인지 의논해서 결정한다. 그런데 한 가지 잊지

말아야 할 것이 있다. 게임의 목적은 영웅들이 이기는 것이라는 사
실이다.

사람들이 게임에 임하는 방식은 대개 그들이 삶에 임하는 방식과 비슷하다.
뛰어난 중재자라면 사람들의 반응을 유심히 관찰하고 그 반응을 활용해서
각 주제에 대한 토론을 활성화시킬 것이다.

『5 Star Service』를
훈련 도구로 이용하라

★ 많은 사람들이 『5 Star Service』 초판을 훈련 도구와 영감을 주는 책으로 이용했다. 거의 매일같이 우리는 직원들과 『5 Star Service』를 이용했거나 현재 이용하고 있는 사람들에게서 이메일과 전화를 받는다.

물론 완벽한 세상에서는 당신이 수화기를 들고 내 번호를 누르면 내가 당신을 기꺼이 찾아가 아이디어를 직접 소개하겠지만, 현실적으로 나는 아직까지 두 곳에 동시에 있을 수가 없다.

'서비스 측정도를 체크하라', '레이더(RADAR) 사고를 하라', '작은 감동을 전하는 규칙을 정하라', '방해꾼과 영웅 게임을 즐겨라'와 같은 아이디어들은 이미 수백 개의 조직에서 정기적인 직원 훈련 활동으로 자리 잡았다. 하지만 나는 더 많은 사람이 『5 Star Service』를 훈련 보조 도구로 이용하기를 바란다. 그래서 여기서는 책에 실린 아이디어들을 당신의 조직에 적용할 수 있도록 틀을 제시하겠다.

또한 나는 당신이 최대한 많은 것을 얻을 수 있도록, 그리고 모두에게 공평할 수 있도록 나와 학습 계약을 맺을 것을 제안한다. 내가 무엇을 할지 알려 주고 나서 당신이 무엇을 해야 하는지 제안하겠다. 우리 둘 다 계약 조건에 동의하면 계약이 성립된다.

아래에 적은 사항들이 내가 할 일들이다.

- 당신의 조직에 적합할 90일(13주)짜리 훈련 프로그램을 추천하겠다.
- www.michaelheppell.com의 '5 Star Service' 페이지를 통해 훈련 보조 자료를 제공하겠다.
- 직원들과 훈련할 때 재생할 수 있도록 여러 가지 아이디어가 담긴 음성 파일을 제공하겠다.
- 이것이 제일 중요한 사항이다. 책을 구입해 줘서 감사하다는 의미로 위의 자료를 모두 무료로 제공하겠다.

그 대가로 나는 당신이 다음의 일들을 하기 바란다.

- 내 홈페이지에 게시된 훈련 자료만을 이용하는 데 동의한다.
- 이 책의 어느 부분이든 복사하지 않는 데 동의한다. 책이 더 필요하다면 구입하기를 바란다. 충분한 가치가 있는 책이다.

- 이용하는 자료의 출처를 명확하게 밝힌다. "이 아이디어는 마이클 헤펠의 『5 Star Service』에 나오는 것입니다"라고 말하면 완벽할 것이다!
- 내가 제공하는 자료를 이용하는 사람들에게서 비용을 받지 않는다. 만일 당신이 하청업자, 교육 담당자, 코치, 진행자라서 잘 모르겠다면 마이클 헤펠사에 문의하기 바란다. 우리는 사람들이 미리 물어보는 경우에는 허락하고 물어보지 않을 경우에는 고소할 때가 많다.

우리의 계약을 위해 나는 아래의 다섯 가지 프로그램을 준비했다.

- 사무실에서 5 Star Service 실천하기
- 소매점에서 5 Star Service 실천하기
- 호텔과 음식점에서 5 Star Service 실천하기
- 공공 부문을 위한 5 Star Service 실천하기
- 교육을 위한 5 Star Service 실천하기

당신의 회사가 위의 범주에 해당되지 않으면 다섯 가지 범주의 내용을 살펴보고 당신만의 프로그램을 완성하라. 그렇게 만든 훈련 프로그램이 효과를 보일 경우, 프로그램을 나에게 보내주면 www.michaelheppell.com의 '5 Star Service' 페이지에서 소개하고 당신의 성공 사례를 사람들과 공유할 것이다.

아래에 추천 계획을 제시한다. 아이디어도 몇 가지 추가했다.

사무실에서 5 Star Service 실천하기

1주 – 서비스 측정도를 체크하라: 모든 프로그램이 여기에서 출발한다. 이 활동을 통해 당신이 어디에 위치하는지, 당신의 서비스 능력이 향상하고 있는지 알 수 있다!

2주 – 작은 감동을 전하는 규칙을 정하라: 당신이 쉽게 승리할 수 있도록 돕는 쉬운 개념이 담겨 있다.

3주 – 고개를 들어 주위를 살펴라: 개념을 살펴보고 나서 반드시 모두에게서 허락을 구하라. 그리고 한 달 뒤에 평가 사항을 검토할 수 있도록 일정을 잡아라.

4주 – 성과를 거둘 때마다 종을 울리게 하라: 당신이 상사라면 성공적인 습관을 들이기 위해 향후 일주일 안에 종을 울리도록 반드시 직원들을 장려해야 한다.

5주 – 말할 때 대본을 효과적으로 활용하라: 문제는 말하는 내용이 아니라 말하는 방식이다. 이 활동을 통해 배우게 되는 내용은 전화 서비스를 제공할 때, 내부 고객이나 공급자를 상대할 때 강력한 무기가 된다.

6주 – 반복되는 과정을 체계화하고 예외를 존중하라: 논의를 쉽게 시작할 수 있도록 예시를 몇 가지 준비하라.

7주 – 팀원들에게 서비스 권한을 부여하라: 당신이 이 활동을 하면서 동의하는 것이 현장에 곧바로 적용될 수 있다는 사실을 알아야 한다. 따라서 이 시점에서 당신의 한계와 유연한 정도를 알아보는 것도 좋다.

8주 – 고객이 불만을 표할 때가 진가를 발휘할 기회이다: 이 활동을 하면서 직원들이 긍정적인 태도를 잃지 않고 직원 한 명이 책임을 혼자 뒤집어쓰지 않도록 주의하라.

9주 – 이름을 기억하고 불러 주어라: 이 활동에 도움이 될 만한 아이디어 몇 가지를 준비하라. 규모가 큰 조직에 속해 있다면 다른 부서 직원들의 사진을 활용하여 이름 맞추기 퀴즈를 진행하면 재미있을 것이다.

10주 – 레이더(RADAR) 사고를 하라: 이 활동을 마치자마자 생각해 낸 아이디어를 현장에 투입할 수 있도록 대대적인 조치를 취하라. 아이디어를 재검토할 수 있도록 일정을 잡는 것도 잊지 마라.

11주 – 전화 서비스로 느낌을 전하라: 한 차원 높은 전화 서비스는 뭔가 다르다. 누구나 기본적인 사항은 다 알고 있다고 생각하지만, 고급 기술을 익히기 전에 한 번 더 검토할 필요가 있다.

12주 – 추천을 부르는 최고의 습관 세 가지를 실천하라: 이번 주는 제법 쉬운 활동이다. 그렇다고 해서 만만하게 봐서는 안 된다. 이 기술 세 가지를 더 잘 부릴 수 있는 방법을 찾아내려면 습관마다 5분씩은 투자해야 한다.

13주 – 방해꾼과 영웅 게임을 즐겨라: 마지막 주인 만큼 정신이 없더라도 좋다. 많이 즐기고 배워라. 이 활동은 한 시간 가까이 걸릴 수 있으므로 가능하면 시간을 넉넉히 잡아 두고 진행하라.

소매점에서 5 Star Service 실천하기

소매업은 어려운 시기를 보내고 있는 만큼 그 어느 때보다도 고객에게 좋은 서비스를 제공해야 한다. 고객들이 더 많은 것을 요구하기 때문에 고객과 거래를 할 때마다 마법 같은 경험을 제공할 의무가 있다.

1주 – 서비스 측정도를 체크하라 : 모든 프로그램이 여기에서 출발한다. 이 활동을 통해 당신이 어디에 위치하는지, 당신의 서비스 능력이 향상하고 있는지 알 수 있다!

2주 – 작은 감동을 전하는 규칙을 정하라 : 당신이 쉽게 승리할 수 있도록 돕는 쉬운 개념이 담겨 있다.

3주 – 고개를 들어 주위를 살펴라 : 개념을 살펴보고 나서 반드시 모두에게서 허락을 구하라. 그리고 한 달 뒤에 평가 사항을 검토할 수 있도록 일정을 잡아라.

4주 – 고객의 감정은행 계좌에 입금을 하라 : 한 단계 더 나아가, 고객의 '계좌'에서 당신이 이미 초과 인출한 상태일 경우 고객에게 비용을 지불해 달라고 부탁했을 때 고객의 기분이 어떨지 알아보라.

5주 – 첫인상을 결정하는 데는 단 한 번의 기회밖에 없다 : 이 활동을 하면서 당신의 팀이 무엇을 잘못하고 있는지 지적하기 쉬울지도 모른다. 하지만 그 대신 팀원들에게 누가 각각의 활동을 잘했다고 생각하는지 물어보라.

6주 – 팀원들에게 서비스 권한을 부여하라 : 비밀 고객 서비스를 이용하라. 비밀 고객 기술을 이용할 계획이라면 지금이 기술을 도입하기 좋은 시점이다. 팀원들에게 서비스 권한을 부여하는 것에 관해서는 당신이 이 활동을 하면서 동의하는 것이 현장에 곧바로 적용될 수 있다는 사실을 알아야 한다. 따라서 이 시점에서 당신의 한계와 유연한 정도를 알아보는 것도 좋다.

7주 – 고객이 불만을 표할 때가 진가를 발휘할 기회이다 : 이 활동을 하면서 직원들이 긍정적인 태도를 잃지 않고 직원 한 명이 책임을 혼자 뒤집어쓰지 않도록 주의하라.

8주 – 고객은 항상 당신을 주시하고 있다 : 개인적인 예시를 한두 가지 준비하면 이 활동을 원활하게 진행하는 데 큰 도움이 된다. 자신이 잘못했다고 생각하고 싶은 사람은 아무도 없기 때문에 활동을 신중하게 진행하고 직원들과 대화할 수 있는 시간을 충분히 마련하라.

9주 – 레이더(RADAR) 사고를 하라 : 이 활동을 마치자마자 생각해 낸 아이디어를 현장에 투입할 수 있도록 대대적인 조치를 취하라. 아이디어를 재검토할 수 있도록 일정을 잡는 것도 잊지 마라.

10주 – 가장 좋은 고객은 까다로운 고객이다 : 이 활동이 가장 재미있는 활동 중 한 가지가 될 것 같지만, 여기에 담긴 메시지는 대단히 중요하다. 팀원들이 어떤 고객을 까다로운 고객이라고 생각하는지 들어 보는 것도 흥미로울 것이다.

11주 – 세상의 99퍼센트는 선량한 사람들이다 : 회사 방침과 규정 때문에 자유롭게 행동할 수 없다는 것은 알고 있다. 하지만 아이디어는 규칙을 바꾸는 것이 아니라 규칙을 얼마나 융통성 있게 적용할 수 있는지 살펴보는 것이다.

12주 – 해결책을 판매하라: 이 기술을 제대로 익히면 자신감도 향상되고 수익도 치솟을 것이다! 아이디어는 간단하지만 현장에 적용하기는 쉽지 않다. 시간을 들여 여러 가지 아이디어를 주제로 역할극을 해 보고 대본을 만들어 보라.

13주 – 방해꾼과 영웅 게임을 즐겨라: 마지막 주인 만큼 정신이 없더라도 좋다. 많이 즐기고 배워라. 이 활동은 한 시간 가까이 걸릴 수 있으므로 가능하면 시간을 넉넉히 잡아 두고 진행하라.

호텔과 음식점에서 5 Star Service 실천하기

호텔이나 음식점에서 일하는 당신을 위한 활동을 13가지만 꼽는 것은 정말 어려운 일이다. 당신이 이 책에 실린 모든 내용을 훌륭하게 소화하고 싶을 것이기 때문이다. 하지만 출발점은 있어야 하며, 이 프로그램은 여러 가지 기술을 골고루 익힐 기회를 제공하고 당신이 어떤 일을 해야 하는지 제때 상기시켜 줄 것이다.

1주 – 서비스 측정도를 체크하라: 모든 프로그램이 여기에서 출발한다. 이 활동을 통해 당신이 어디에 위치하는지, 당신의 서비스 능력이 향상하고 있는지 알 수 있다!

2주 – 첫인상을 결정하는 데는 단 한 번의 기회밖에 없다: 이 활동을 하면서 당신의 팀이 무엇을 잘못하고 있는지 지적하기 쉬울지도 모른다. 하지만 그 대신 팀원들에게 누가 각각의 활동을 잘했다고 생각하는지 물어보라.

3주 - 고개를 들어 주위를 살펴라 : 개념을 살펴보고 나서 반드시 모두에게서 허락을 구하라. 그리고 한 달 뒤에 평가 사항을 검토할 수 있도록 일정을 잡아라.

4주 - 작은 감동을 전하는 규칙을 정하라 : 당신이 쉽게 승리할 수 있도록 돕는 쉬운 개념이 담겨 있다.

5주 - 조용한 고객을 조심하라 : 이번 주에는 뛰어난 5 Star Service를 실천하는 것과 당신의 호텔이나 음식점의 지지자들을 만드는 것의 중요성을 강조할 수 있다.

6주 - 레이더(RADAR) 사고를 하라 : 이 활동을 마치자마자 생각해 낸 아이디어를 현장에 투입할 수 있도록 대대적인 조치를 취하라. 아이디어를 재검토할 수 있도록 일정을 잡는 것도 잊지 마라.

7주 - 고객이 경험하는 마법 같은 순간을 망치지 마라 : 데니 플래너건 기장에 대한 장을 읽어라. 그가 모든 승객을 비행기를 처음 타는 승객처럼 대한다는 부분에 주목하라. 이 활동을 시작하기에 좋은 마법 같은 방법이다.

8주 - 사각지대를 찾아내라 : 이 주제로 논의를 시작해 보면 사각지대가 얼마나 많은지 깜짝 놀랄 것이다. 직원이 예시를 제시하면 "왜 진작 말하지 않았습니까?"라고 윽박지르는 대신 "알려 줘서 고맙습니다"라고 감사의 말을 전하라.

9주 - 깨끗하지 않으면 아무 소용도 없다 : 쉬운 활동은 아니지만 반드시 필요한 활동이다. 이 활동을 하면서 책임을 남에게 전가하고 싶은 사람이 많을 것이다. 성공 비결은 모두가 긍정적인 변화를 이끌어낼 수 있다고 느끼게 하는 것이다.

10주 – 이름을 기억하고 불러 주어라 : 이 활동에 도움이 될 만한 아이디어 몇 가지를 준비하라. 규모가 큰 조직에 속해 있다면 다른 부서 직원들의 사진을 활용하여 이름 맞추기 퀴즈를 진행하면 재미있을 것이다.

11주 – 고객의 특별한 요구 사항을 존중하라 : 이 활동의 주된 목적은 직원들이 '아, 귀찮게 됐네'라고 생각하지 않고 '와, 우리가 빛날 수 있는 기회야'라고 생각하게 하는 것이다. 실제 사례를 몇 가지 준비하여 직원들을 교육하라.

12주 – 문제는 말하는 내용이 아니라 말하는 방식이다 : 벌써 열두 번째 주인 만큼 역할극을 통해 여러 가지 아이디어를 시험해 볼 만한 자신감이 생겼을 것이다.

13주 – 방해꾼과 영웅 게임을 즐겨라 : 마지막 주인 만큼 정신이 없더라도 좋다. 많이 즐기고 배워라. 이 활동은 한 시간 가까이 걸릴 수 있으므로 가능하면 시간을 넉넉히 잡아 두고 진행하라.

공공 부문을 위한 5 Star Service 실천하기

NHS(영국의 국민 의료 보험)을 비롯하여 여러 공공 기관 및 지방 경찰과 일해 본 결과, 나는 공공 부문이 5 Star Service를 실천하기에 더 어려운 환경이라고 생각하지 않는다. 그저 다른 방식으로 접근해야 할 뿐이다. 이 프로그램은 공공 서비스를 제공하는 데 관심이 있는 누구에게나 흥미롭게 비칠 것이다.

1주－서비스 측정도를 체크하라: 모든 프로그램이 여기에서 출발한다. 이 활동을 통해 당신이 어디에 위치하는지, 당신의 서비스 능력이 향상하고 있는지 알 수 있다!

2주－작은 감동을 전하는 규칙을 정하라: 당신이 쉽게 승리할 수 있도록 돕는 쉬운 개념이 담겨 있다.

3주－고개를 들어 주위를 살펴라: 개념을 살펴보고 나서 반드시 모두에게서 허락을 구하라. 그리고 한 달 뒤에 평가 사항을 검토할 수 있도록 일정을 잡아라.

4주－고객의 감정은행 계좌에 입금을 하라: 이 활동이 다른 부문과 달리 공공 부문에서는 조금 다른 면이 있다. 고객이 이미 서비스 비용을 '지불'했기 때문이다. 이 말은 고객의 '계좌'에서 돈을 인출한 상태에서 출발하는 경우가 많다는 뜻이다. 이것이 정확히 어떤 의미인지 알아보라.

5주－반복되는 과정을 체계화하고 예외를 존중하라: 논의를 쉽게 시작할 수 있도록 예시를 몇 가지 준비하라.

6주－레이더(RADAR) 사고를 하라: 이 활동을 마치자마자 생각해 낸 아이디어를 현장에 투입할 수 있도록 대대적인 조치를 취하라. 아이디어를 재검토할 수 있도록 일정을 잡는 것도 잊지 마라.

7주－마음에서 우러나오는 진정한 웃음을 전하라: 이 활동을 통해 얻은 기술로 승리를 금세 만끽할 수 있을 것이다. 당신이 웃고 싶어 한다는 것도 알고, 실제로 웃는다는 것도 안다. 하지만 다른 사람들의 생각은 다를 수 있다. 이번 주가 그런 생각을 바꿀 수 있는 절호의 기회이다.

8주 – 고객 서비스의 속도를 높여라 : 영국의 경우, 공공 기관의 서비스가 하루 만에 해결할 수 있는 일도 일주일씩 걸리는 것으로 악명이 높다. 그렇다고 해서 모든 것을 바꿀 수는 없다. 다른 사람들이 당신의 일 처리 속도를 늦추는 것일 수도 있다. 따라서 당신이 '할 수 있는' 일에 초점을 맞춰라.

9주 – 고객이 불만을 표할 때가 진가를 발휘할 기회이다 : 이 활동을 하면서 직원들이 긍정적인 태도를 잃지 않고 직원 한 명이 책임을 혼자 뒤집어쓰지 않도록 주의하라.

10주 – 문제는 말하는 내용이 아니라 말하는 방식이다 : 벌써 열 번째 주인 만큼 역할극을 통해 여러 가지 아이디어를 시험해 볼 만한 자신감이 생겼을 것이다.

11주 – 서비스 PR에 신경 쓰라 : 이 시점에서 당신은 무엇이 자랑스러운가? 당신의 5 Star Service에 관한 좋은 이야깃거리를 언론홍보팀에 전달하라. 당신의 조직에 자부심을 가져라!

12주 – 한 명, 일부, 다수, 전체의 차이를 인지하라 : 대규모의 조직에서 무엇인가를 항상 바꿀 수 있다고 느끼지는 못할 것이다. 따라서 이 주가 가장 어려운 주일지도 모르겠다. 다시 한 번 강조하지만 당신이 '할 수 있는' 일에 초점을 맞춰라.

13주 – 방해꾼과 영웅 게임을 즐겨라 : 마지막 주인 만큼 정신이 없더라도 좋다. 많이 즐기고 배워라. 이 활동은 한 시간 가까이 걸릴 수 있으므로 가능하면 시간을 넉넉히 잡아두고 진행하라.

교육 부문을 위한 5 Star Service 실천하기

나는 교육업계 종사자들과 즐겁게 일한 적이 많다. 하지만 이 부문이 가장 어려운 부문이기도 했다. 교육업계는 커다란 변화를 겪고 있는 중이고, 당신의 고객들, 가령 학생, 학부모, 고용인, 정부 등은 요구 사항이 대단히 많다.

1주 – 서비스 측정도를 체크하라 : 모든 프로그램이 여기에서 출발한다. 이 활동을 통해 당신이 어디에 위치하는지, 당신의 서비스 능력이 향상하고 있는지 알 수 있다!

2주 – 작은 감동을 전하는 규칙을 정하라 : 당신이 쉽게 승리할 수 있도록 돕는 쉬운 개념이 담겨 있다.

3주 – 고개를 들어 주위를 살펴라 : 개념을 살펴보고 나서 반드시 모두에게서 허락을 구하라. 그리고 한 달 뒤에 평가 사항을 검토할 수 있도록 일정을 잡아라.

4주 – 고객의 감정은행 계좌에 입금을 하라 : 이 활동이 교육 부문에서는 조금 다른 면이 있다. 고객이 이미 서비스 비용을 '지불'했기 때문이다. 이 말은 고객의 '계좌'에서 돈을 인출한 상태에서 출발하는 경우가 많다는 뜻이다. 이것이 정확히 어떤 의미인지 알아보라.

5주 – 반복되는 과정을 체계화하고 예외를 존중하라 : 논의를 쉽게 시작할 수 있도록 예시를 몇 가지 준비하라.

6주 - 레이더(RADAR) 사고를 하라 : 이 활동을 마치자마자 생각해 낸 아이디어를 현장에 투입할 수 있도록 대대적인 조치를 취하라. 아이디어를 재검토할 수 있도록 일정을 잡는 것도 잊지 마라.

7주 - 첫인상을 결정하는 데는 단 한 번의 기회밖에 없다 : 깨끗하지 않으면 아무 소용도 없다. 이 활동을 하면서 당신의 팀이 무엇을 잘못하고 있는지 지적하기 쉬울지도 모른다. 하지만 그 대신 팀원들에게 누가 각각의 활동을 잘했다고 생각하는지 물어보라. 자신과 주변 환경이 청결하고 깔끔한지 점검하는 일은 쉽지 않지만 반드시 필요한 활동이다. 이 활동을 하면서 책임을 남에게 전가하고 싶은 사람이 많을 것이다. 성공 비결은 모두가 긍정적인 변화를 이끌어 낼 수 있다고 느끼게 하는 것이다.

8주 - 마음에서 우러나오는 진정한 웃음을 전하라 : 이 활동을 통해 얻은 기술로 승리를 금세 만끽할 수 있을 것이다. 당신이 웃고 싶어 한다는 것도 알고, 실제로 웃는다는 것도 안다. 하지만 다른 사람들의 생각은 다를 수 있다. 이번 주가 그런 생각을 바꿀 수 있는 절호의 기회이다.

9주 - 재미없는 과정을 흥미진진하게 만들어라 : 특히 젊은 고객들을 위해 흥미진진하게 만들어야 한다. 교육이 지겨운 것으로 인식될 수 있으므로 입학한 순간부터 졸업할 때까지 학습 과정의 각 부분을 흥미롭고 고무적이고 재미있게 만드는 것이 중요하다.

10주 - 경쟁관계를 인식하고 기대 수준에 맞춰라 : 학습자들에게 끝없는 선택권이 주어지는 만큼 교육업계는 점점 더 극심한 경쟁에 시달리고 있다. 이런 점을 어떻게 당신에게 유리하게 만들 수 있을까? 이 활동에는 모두가 적극적으로 참여할 책임이 있다.

11주 - 문제는 말하는 내용이 아니라 말하는 방식이다 : 벌써 열한 번째 주인 만큼 역할극을 통해 여러 가지 아이디어를 시험해 볼 만한 자신감이 생겼을 것이다.

12주 - 한 명, 일부, 다수, 전체의 차이를 인지하라 : 대규모의 조직에서 무엇인가를 항상 바꿀 수 있다고 느끼지는 못할 것이므로 이 주가 가장 어려운 주일지도 모르겠다. 다시 한 번 강조하지만, 당신이 '할 수 있는' 일에 초점을 맞춰라.

13주 - 방해꾼과 영웅 게임을 즐겨라 : 마지막 주인 만큼 정신이 없더라도 좋다. 많이 즐기고 배워라. 이 활동은 한 시간 가까이 걸릴 수 있으므로 가능하면 시간을 넉넉히 잡아두고 진행하라.

고객 서비스에
열정적인 사람이 되어라

자, 이제 당신은 각종 서비스의 방법과 일화를 들었고, 여러 가지 기술과 전략을 갖추었다. 그렇다면 앞으로 그것을 어떻게 사용할 것인가? 만약 배운 것을 벌써 사용하기 시작했다면 무엇을 느꼈는가?

책의 서문에서 이야기했듯이, 비결은 어떤 사실을 깨닫는 데 있는 것이 아니라 행동으로 옮기는 데 있다. 생각은 그저 생각일 뿐이고, 큰 차이를 만들고 싶다면 그 생각을 행동에 옮겨야 한다. 에디슨은 전등을 구상하는 데 그치지 않고 직접 만들었으며, 전등 발명에 성공하자 전등을 만드는 회사를 설립해서 전등을 널리 보급했다. 사람들은 에디슨의 가장 큰 업적이 백열등을 발명한 것이 아니라 빛을 널리 전파한 것이라고 말한다.

훌륭한 서비스에 대해서도 이와 같은 이야기가 적용될 수 있다. 중요한 것은 서비스 그 자체가 아니라 서비스가 고객에게 주는 느낌이다. 무엇보다 고객을 기분 좋게 하는 것이 가장 중요하며, 당신은 그것을 잘해낼 수 있다. 고객들이 당신과 당신의 회사, 심지어는 자기 자신에 대해 좋은 느낌을 갖게 만들 수 있는 것이다! 얼마나 근사한 일인가!

하지만 그것은 저절로 이루어지지 않는다. 단지 이 책을 읽는다고 해서 이루어지는 것도 아니다. 이 책은 새 차를 사면 따라오는 안내서와 같다. 차를 사면 두 권의 안내서를 준다. 한 권은 빠르게 볼 수 있는 요약본이고, 다른 한 권은 자세한 설명이 나와 있는 상세 안내서이다. 요약본은 사람들이 차를 처음 사용할 때, 혹은 시간이 많지 않은 상황에서 즉시 참조할 수 있도록 기본적인 사항만 들어 있다.

당신은 이 책을 그 요약본처럼 기본적인 사항을 인지하고 실행하는 데 사용할 수 있다. 혹은 좀 더 자세한 사항이 수록되어 있는 상세 안내서로 활용할 수도 있다. 하지만 가장 중요한 것은 안내서에 나와 있는 사항을 실천에 옮기는 것이며, 얼마나 실천에 옮겼는지에 따라 그 결과와 보상이 크게 달라질 것이다.

이 책을 요약본으로 활용하는 경우,

- 빨리 읽어 보고 실행한다. 바빠서 모든 사항을 실행해 볼 수 없으니, 재빨리 읽어 보고 자신과 가장 관련이 있다고 생각하는 부분만 실행해 본다.
- 바로 적용할 수 있는 간단한 사항을 찾아서 실행해 본다. 고객 서비스 기술이 즉시 향상되는 것을 느낄 수 있을 것이다.
- 관련된 사항을 동료들과 공유한다. 당신이 제안한 사항을 실행에 옮겨본 후에 동료들은 당신의 혜안에 전적으로 동의할 것이다.

이 책을 상세 안내서로 활용하는 경우,

- 회사 내의 문화가 바뀌도록 유도한다.
- 이 책을 일 처리 방식의 주요 지침서로 삼는다.
- 매주 한 장씩 읽고 그 장에 나오는 사항을 어떻게 실행에 옮길지 팀원들과 15분 동안 상의한다. 실행에 옮겼을 때 미칠 영향과 결과를 예상해 보고 최선이라고 생각되는 방안을 선택한다.
- 실행에 옮긴 사항과 그 사항이 미친 영향을 일지에 기록한다. 그 사항을 조직의 특성에 맞도록 어떤 방식으로 응용했는지 기록하고, 팀원들과 공유한다.

어떤 방식을 택하든 당신이 이 책을 읽은 뒤 나처럼 고객 서비스에 열정적인 사람이 되기를 희망한다. 왜냐하면 열정적인 사람은 많은 일을 해낼 수 있기 때문이다.

어떤 일에 열정을 갖고 있으면 당신은 아무리 큰 어려움이 닥쳐와도 극복할 수 있으며, 또한 그 일을 해낼 수 있다. 다른 사람들이 모두 불가능하다고 말할 때, 당신은 해낼 수 있는 방법을 발견할 것이다. 그리고 다른 사람들이 기존의 고정관념을 답습하고 있을 때, 당신은 창조적인 방안을 생각해 낼 것이다.

열정이 있으면 일을 추진하는 데 필요한 에너지가 저절로 생긴다. 이 책에 나오는 방안들을 진정으로 실현하고 싶다면 사람에 대한 열정을 품어야 한다. 아직도 그런 열정이 생기지 않았는가? 그렇다면 이 책을 다시 읽어야 한다!

초반의 '서비스 측정도를 체크하라'에서 시작하여 모든 사람이 당신의 경쟁자라는 사실을 깨달아야 한다는 내용까지 오면서, 고객 서비스를 개선하기 위해 활용할 수 있는 여러 가지 방법과 실천사항을 제시했다. 물론 어떤 회사에 소속되어 일하거나 회사를 경영한다는 것이 어떤 것인지는 잘 알고 있다. 그것은 매우 힘든 일이다.

하지만 지금은 그 어느 때보다도 경쟁자들 가운데 자신을 차별화하는 것이 중요한 때이다. 그리고 자신을 차별화하기 위한 최고의 방법은 이 책을 읽고 활용하는 것이다. 물론 쉬운 일은 아니다. 그렇다고 도저히 실현할 수 없을 정도로 어려운 일도 아니다. 곧바로 효과를 볼 수는 없지만, 시간이 너무 많이 걸리는 것도 아니다. 또한 비용을 아주 적게 들이면서도 큰 효과를 볼 수도 있다.

어느 모로 보나, 만나는 모든 사람들에게 5 Star Service라는 마법을 선물하고 이를 자신의 일상으로 자리 잡게 한다는 것은 가장 보람 있는 일 중 하나이다. 빠른 시일 내에 내가 당신의 5 Star Service를 받아 볼 수 있기를 바란다. 또한 당신이 5 Star Service를 실행했던 것을 내가 받아 볼 수 있는 기회가 생기기를 바란다.

『5 Star Service』 보너스 장에 관해

『5 Star Service』를 재미있게 읽었는가?

이 책에 언급된 보너스 장을 받고 싶다면 info@michaelheppell.com으로 이메일을 보내 주기 바란다. 제목에 '5 Star Bonus Chapters'라고 적어 주면 해당 내용을 곧바로 보내 줄 것이다.

마이클 헤펠의 홈페이지 www.michaelheppell.com에서도 5 Star Service에 관련된 훈련 자료를 다운받을 수 있다. www.michaelheppell.com의 '5 Star Service' 페이지에서는 이 책에 미처 싣지 못한 여러 가지 자료를 얻을 수 있을 것이다.

그리고 직접 연락을 하고 싶은 사람들은 아래의 연락처로 연락을 취하면 될 것이다. 끝으로 책을 읽어 주신 독자들에게 진심으로 감사를 표한다. 서비스와 개인, 조직의 무궁한 발전이 있기를 빈다.

- 이메일 주소 : info@michaelheppell.com
- 전화번호 : 영국에서는 08456 733 336, 그 이외의 국가에서는 +44 1434 688 555
- 홈페이지 주소 : www.michaelheppell.com

5 STAR SERVICE

초판1쇄 인쇄 | 2009년 4월 6일
개정판 1쇄 발행 | 2015년 11월 10일

지은이 | 마이클 헤펠
옮긴이 | 정희준
펴낸이 | 김진성
펴낸곳 | 호이테북스

편　집 | 허강, 김선우
디자인 | 장재승
관　리 | 정보해

출판등록 | 2005년 2월21일 제313-2005-000034호
주　소 | 서울시 강서구 화곡동 46-392 밀레니엄 401호
전　화 | 02-323-4421
팩　스 | 02-323-7753
이메일 | kjs9653@hotmail.com

ⓒ마이클 헤펠, 2010
값 14,000원
ISBN 978-89-93132-42-7 13320

* 잘못된 책은 서점에서 바꾸어 드립니다.